青春文庫

アドラーが教えてくれた「ふたり」の心理学

岩井俊憲

JN045001

青春出版社

はじめに

近年、恋愛に興味のない人が増えていて、20代、30代で恋人のいない割合が7割近いと聞きます。本当に興味のない人もいるかもしれませんが、背景には「傷つきたくない」「面倒なことを避けたい」という思いが強く、「ひとりのほうがラク」という実感があるようです。

いざ交際や結婚をしたところで、カップルや夫婦にはちょっとしたケンカや小さな誤解はつきもので、さまざまな問題が次から次に出てきます。

私はこれまで40年近くにわたり、アドラー心理学にもとづくカウンセリングをおこなってきました。なかでも、夫婦関係のカウンセリングを得意としていますが、とりわけセックスレス・カップルが増えていることに危惧《きぐ》感を抱いています。

少子化に拍車をかけるだけでなく「体を使ったコミュニケーション」としてのセックスに夫婦関係の危険性が内在していると思うからです。

●心理学者アドラーが見出した「愛のタスク」

恋愛に興味がない若者。すれ違うカップルや夫婦。

これらの事例に共通するのは、コミュニケーションが希薄であることです。

心理学者のアルフレッド・アドラー（1870～1937年）は、「個人心理学」と名づけた独自の心理学理論のなかで、こう唱えました。

「人間の悩みは、すべて対人関係の悩みである」

さらに、私たちが人生で直面しなければならないさまざまな課題のうち、カップルを基本とした家族の関係にまつわる課題を、アドラーは**「愛のタスク」**とよびました。

人と人が対面し、親しい関係を築くとき、そこに課題が生まれないことのほうが不自然なのです。

恋愛中や結婚後に遭遇するさまざまな課題に向き合うことは、自分を変えるチャンスでもあります。それなのに「傷つきたくない」という思いからコミュニケーションを避けることは、変革のチャンスを逃していることになります。


みんなに好かれた人は、歴史上存在しない。

みんなに嫌われた人も同様である。


これはアドラー心理学をもとにして、私が提唱している「人間関係の大法則」です。

誰かを好きになったとき、相手から拒絶されたら傷つきますが、それは「万人に愛されたい」という願いがあるからです。

その幻想を捨てれば、「誰からも愛されない」ということはありえません。

●脳科学と心理学では、とらえ方がちょっと違います

さて、本書を手にとった方のなかには、「脳科学」に関心がある人も多いかもしれ

ません。脳科学の理論の1つに、「男女の脳のつくりが違う」といった考え方があり、広く知られています（ただし、近年では「男性脳／女性脳なんて存在しない」といった主旨の研究結果もあり、考え方はさまざまです）。

そんな脳科学と心理学。なんとなく似たような学問に見えますが、じつは基本的な考え方が異なります。

脳科学が、男女の生まれもった「気質」を重視するのに対し、心理学は、**「思考」「感情」「行動」**を軸にした学問です。

とくにアドラー心理学は「対人関係」を重視しています。

私自身は、脳科学も尊重しますが、本書では「男と女のすれ違いは、脳の違いが原因だからどうにもならない」などとは決めつけず、脳科学では見えなかった「男女の違い」を、アドラー心理学や私なりの見解をもとにひも解いていきます。

●互いの価値観を知るきっかけになる一冊

本書は、9つのケースを見ながら具体的な解決策を提示します。夫婦や恋人同士における、さまざまなケースを見ていきます。あなたならどうするか、ぜひ考えてみてください。

パートナーがいる人は、できれば共に話し合ってみることをお勧めします。お互いの恋愛観、結婚観、セックス観を知るきっかけになり、相手の考え方、感じ方に対して寛容になれることでしょう。

男と女は、別の生き物、別の人間だからこそ、また面白みもあるのだと思います。恋愛、結婚、セックスにまつわる悩みは、あなたひとりだけの課題ではありません。すべてはコミュニケーションの課題なのです。

本書が、「愛のタスク」に直面している方々にとっての勇気づけになれば幸いです。

岩井俊憲

目次……アドラーが教えてくれた「ふたり」の心理学

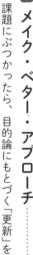

カバー写真　Anastasiia Malinich/stock.adobe.com
本文イラストレーション　大塚砂織
本文デザイン　浦郷和美
本文DTP　森の印刷屋
編集協力　大久保寛子

1章

どうして「ふたり」はすれ違うのか？

…………

パートナーがそれぞれ
もう一方のパートナーを十分に受け入れ、
２人の間にお互いに
感謝し合う気持ちが育つ時にだけ、
愛のタスクの問題は解決する。

R・ドライカース著『アドラー心理学の基礎』

ケース1

計画的な人、自由気ままな人

●あるカップルが陥った、デートでのすれ違い

今日は、拓人と真理（どちらも仮名）の3週間ぶりのデートの日。

2人は、鎌倉に行くことになりました。都内に住む拓人は、朝早く茨城からやって来る真理のために路線案内や時刻表を調べ、東京駅からの横須賀線をもとに、細やかなスケジュールを立てました。

最初の行き先は、北鎌倉で降りて円覚寺。あじさい寺で有名な明月院。建長寺を経て鶴岡八幡宮。鎌倉駅の近くで昼食。そこから江ノ島電鉄で長谷寺（長谷観音で有名）へ。最後に海を眺めるプランも盛り込んでいました。

ところが当日、、閻魔大王で有名な円応寺を見つけます。真理が「入りたい！」と言い出し、意外に時間を費やしてしまいました。円応寺を出ると、時間はすでに正午ごろ。真理は「疲れちゃった。お昼にしよう」。昼食は、予定外の場所になりました。次の目的地である鶴岡八幡宮は、すぐ目の前。でも、このままでは午後のスケジュールが台無しになると思った拓人は、不機嫌そうに「もう鶴岡八幡宮はやめだ！」。この一言で、食事は気まずい雰囲気になってしまいました。

●2人の違いからわかること：「満たしたい」派と「味わいたい」派

2人には「満たす人（＝拓人）」と「味わう人（＝真理）」の違いがあるようです。

「満たす人」の行動パターン

・狩猟的な、目指す行動
・ゴール・オリエンテッド（目標志向的、計画したことを満たそうとする）
・効率（時間）を大事にする
・目標を追求していないとつまらなくなる

「味わう人」の行動パターン

・農耕的な、営む行動
・プロセス・オリエンテッド（計画があっても、途中のプロセスを大事にする）
・効率よりも今起きていることを大切にする
・目標がなくても楽しめることがある

●解決策：やり方は違うけど、お互いの目的は一緒、と認識する

この違いは、もちろん、個人差もありますが、男女間で特に顕著です。

このような2人が理解し合うには、お互いの目的（＝楽しい時間を過ごすこと）を認識し、計画をさほど厳密なものにしないことです。恋人同士である2人は、違いがあってこそ楽しみが増します。

個性が違う2人が訪れたその場所、そのときの喜びを、感じ方に違いがあるとしても、共に味わうことのほうが、ずっと楽しいデートになります。

場合や状況によって変化する面もあるのが人間です

●職場では専制君主的だけど、家庭ではイクメン

多くの人は、家庭と職場でキャラクターを変えているものです。

たとえば、職場では部下を一方的に叱りつけるなど専制君主的だけれど、家では料理をしてくれて、子どもの面倒を見てくれるイクメン。

逆に、家ではお茶すら淹《い》れないのに、会社ではお茶をすすんで淹れたり、湯呑みを洗ったりする男性。そういう人がいます。

自分の夫は食器を洗わないし料理もしない、と思っている人もいるかもしれませんが、実際には妻がすべて先にやってしまう、または家事は妻がやるものだという雰囲気をつくってしまっているケースもあるのです。

同様に、女性もまた、表と裏の顔が違う人もいます。学歴や職歴はしっかりしていて順風満帆な人生を送ってきたような人でも、ビジネスにおける根本的なコミュニケーションがあまりに下手である人が少なくありません。

私が思うに、社会に出てからトラブルを抱えがちな人は、学生時代の対人関係のトレーニングが足りなかったのではないでしょうか。

先述したように、男女の違いを認識することが重要なのですが、特に女子校育ち、男子校育ちだと、どうしても物事の捉え方や考え方が偏ってしまいます。

アドラーは早期から**「人間関係のトレーニングを積むには、幼いころから男女で過ごす共学がもっとも望ましい環境である」**と言っていました。それは身をもって、いわば学校生活を通して「男と女の違い」を身近に見て、素肌感覚で感じられるからです。

女子校や男子校のように、幼いころから同性のなかでしか過ごしていない環境にいると、自分と似た感覚、自分と似た考えのなかでしか物事が捉えられない。自分と違った考え方の相手（＝異性）と、学校という、さまざまなコミュニケーションが学べる場で対峙《たいじ》してこないと、うまく人間関係を築けない傾向が強くなるのです。

人間の感覚タイプで見る違い

●パートナーの感覚タイプを知ると、対処法が見えてくる

人間には個人差があり、男女間だと顕著になりやすいこと、また、人は場や状況によってキャラが変化することを説明してきました。

もう1つ、私がカウンセラーとして、研修講師として興味を持っているのは、**人間の「感覚タイプ」**です。

1 視覚優位型
2 聴覚優位型
3 触覚・運動優位型

人間をよく観察していると、**その人が主にどの感覚を優位に使っているのか**をあらかた把握できます。相手のタイプを認識していると、パートナーとしてどう関わればいいのか、その対処法がわかりやすく見えてきます。

ところで、「感覚タイプ」については、NLP（神経言語プログラミング）というコミュニケーション理論でさかんに取り上げられていますが、ルーツはアドラーです。アドラーは、『個人心理学講義』で、こんなことを書いていたのです。

学校では、子どもたちの教育は、多くの場合、このタイプに関する原則が忘れられている。見ることに関心はあるが、いつも何かを見ていたいので、聞こうとはしない子どもがいる。このような子どもの場合、聞くように教育しようとするならば、忍耐強くなければならない。

学校の多くの子どもたちは、一つの感覚しか楽しむことができないという理由で、一つの方法だけでしか教えられない。

聞くことだけが得意であったり、見ることだけが得意であったりするのである。

いつも動いたり活動しているのが好きな子どももいる。
〔この〕３つのタイプの子どもたちに、同じ結果を期待することはできない。
＊出典：アルフレッド・アドラー著、岸見一郎訳『個人心理学講義』アルテ

●なぜ感覚タイプに優位・劣位があるのか？

私たちは子どもの頃、生活体験のなかで周囲の状況を記憶するのに、視覚（目に見えるもの）、聴覚（耳に聞こえるもの）、触覚・運動（手に触れたり、身体の感覚）をよりどころにします。そのとき、すべてをバランスよく使いこなすのではなく、**ある感覚は積極的に駆使し、また違う感覚は頼りにしない**ことを学んでいます。

たとえば、ある人は、どこかに行くにしても、目に見えるものをしっかりと記憶し、ポイントごと形や色を頼りにします。とりわけ、幼い頃から絵を描くのが好きだった人は、視覚的な情報をもとに道順を記憶する可能性があります。

また、ある人は、人から言われたことをそのまま言葉どおりに記憶し、さらに時間

や距離に関心を持ち、連続性を重視しながら、目的地にたどり着こうとします。

加えて、運動を得意とする人は、運動感覚で周囲の状況を捉えることがあります。

私たちは生きていくうえで、また経験上、自然と、ある1つの感覚だけを大きなよりどころにするか、またはどれか1つをないがしろにする判断を下しています。やがて、優位の感覚と劣位の感覚が固定するようになります。

●あなたやパートナーは、どの感覚タイプ？

感覚タイプを知る手立ては、次の6つの方法があります。

①**数字の記憶パターン**……5桁の数字を提示し、末尾の数字から順に声に出してもらう方法です。また、2桁の掛け算の答えを声に出してもらう方法です。このとき、特に眼球の動きが観察対象になります。

②**特定のA地点からB地点までの地理**……曲がり角があるエリアを5分以上かけて歩き、どう歩いてきたかを2分ほどで話してもらいます。このとき、特にどんな表現方法かが観察対象になります。

③**夢**……今朝、どんな夢を見たかを尋ねると、その人特有の感覚が色濃く出ます。

④**ワクワク体験**……我を忘れるようなワクワクした体験はありますか？　語ってもらうと、その人の優位の感覚がハッキリします。

⑤**旅行の思い出**……今まで行った旅行の体験を話してもらいます。どんな光景が印象に残っているか、周囲に聞こえる音やアナウンス、食べ物の味や匂いなどで、その人の優位／劣位の感覚が明らかになります。

⑥**子ども時代のエピソード**……10歳くらいまでのある日あるとき、ある場面での出来

事を語っていただくと、その人の感覚タイプが推測できます。

いずれにしても、フォーマルな話をするときより、くだけた話をするときのほうが、その人の人間味が浮き彫りになり、感覚タイプがよりはっきりと現れてきます。

ただし、タイプ分けをしたとしても、どんな人にも多かれ少なかれ、3つのすべての感覚の能力があるため、**あくまでも優位・劣位は相対的なもの**です。たとえば100点満点とすると、ある人は視覚が80点、聴覚が60点、触覚・運動が70点というバランスになり、何かの感覚能力が限りなく0点に近いことはありません。

●感覚タイプその1「視覚優位型」

私の実感として、女性のほうが多いように思われます。女性同士で「メイク変えたね」「口紅、どこの使ってる?」なんて会話をよくしていますが、男性の多くはなかなかわからないようです。

眼球の動き、身ぶり手ぶり

眼球は、かなり上向きになりやすいのが特徴です。たとえば地図を表現する場合、目を上向きにしながら自分で映像を浮かべ、言葉にします。身ぶり手ぶりは、そう多くはありませんが、眼球に伴って手のひらを上向きにすることがあります。

表現法、話し方

いちばんの特徴は、言葉のなかに、形や色に関する表現がかなり多いこと。

最寄りの駅から自宅までを語ってもらう際、ある人には典型的な特徴がありました。

「駅の北口を出ます。すると、真正面に大きな山が見えます。○○山です。ちょうど今頃は緑でいっぱ

視覚優位型

いです。それがね、11月になると紅葉がきれいで、真っ赤に染まるんです。12月に入ると雪をかぶって真っ白になるんです」

こうして色にこだわって、なかなか先に話が進みません。また、このタイプの人は、比較的早口の人が多いようです。イメージを早く言葉にしたいのかもしれませんね。

コミュニケーションの特性、論理展開

イメージが先走りするため、論理がなかなかついていかないことがあります。次から次へと映像が自分のなかに浮かび、それを言葉にするため、論理の飛躍があったり、逸脱もあったりします。思い込み・決めつけがあることも特徴の1つです。

論理展開は、「面」の移動のように、次々と脳裏に写真やイメージがあらわれ、それを捉えて表現するパターンであるため、ヒラメキはあるけれども一貫性にやや欠けることがありえます。

このタイプの人とのコミュニケーション

回りくどい表現はタブー。視覚的なツールを使いながら、相手の人が映像を浮かべやすいように伝えることがベストです。

●感覚タイプその2「聴覚優位型」

私の実感として、男性のほうがかなり多いように思われます。別名「論理派」。物事を理詰めで考えます。たとえば研修であらかじめ資料を配付して説明する際、ページがあちこちに行ったり来たりすると、苦言を呈することがあります。

眼球の動き、身ぶり手ぶり

あまり動きません。真っ正面を見るか、やや下向きで、ほかの2つの感覚タイプに比べると、もっとも眼球の移動が少ないです。

身ぶり手ぶりも同様にかなり少なく、話に関連しても相手の理解を深めるために、無駄を省いた最小限の動きを伴う程度です。

表現法、話し方

あまり声に抑揚がなく、スピードがそう速くなく、典型的な人は、話したことがそのまま文章になるようなタイプです。

理路整然とした話し方をしますが、いっぽうでかなりしつこい印象を与えます。少しばかりこだわり気味のところがありますね。ある部分について、きちんと説明しなければならないというような思いこみがあるのです。

駅から家までの地理を語る際、時間や距離にかなり正確で、自分の関心のある部分を、ついつい力説しがちでもあります。たとえば、

「○○駅の西口を降ります。道が３本放射状にあります。ちょうど60度ずつきれいに整備されています。一番左の道を直進します。１６０メートル、男性の足で2分間歩きます。すると左側に△△漢方薬局があります。その薬局は、かなり歴史が古く、元禄時代にできたのだそうです。漢方薬局を名乗っていますが、正式には和漢薬の老舗です。その漢方薬局を左に折れて……」

理詰めで、段階を踏んできちんと伝えたいのがありありとわかります。

コミュニケーションの特性、論理展開

このタイプがもっとも嫌うのは、論理的に整合性がないこと、逸脱・脱線です。

ジョークを聞いたとしても、感性面よりも論理面を追求するため、みんなが笑う場面で腕組みして考えていることもあります。

論理展開は、「線」の移動のようなもので、何よりも一貫性・連続性を重んじます。

仕事への取り組みは、自分であらかじめしっかりと計画を立て、順を追って進めようとしているので、突発的な仕事の依頼を受けても、やりかけの仕事をきちんと終わらせてから、次の仕事に移ろうとしているため、周囲には要領が悪いという印象を与えかねません。

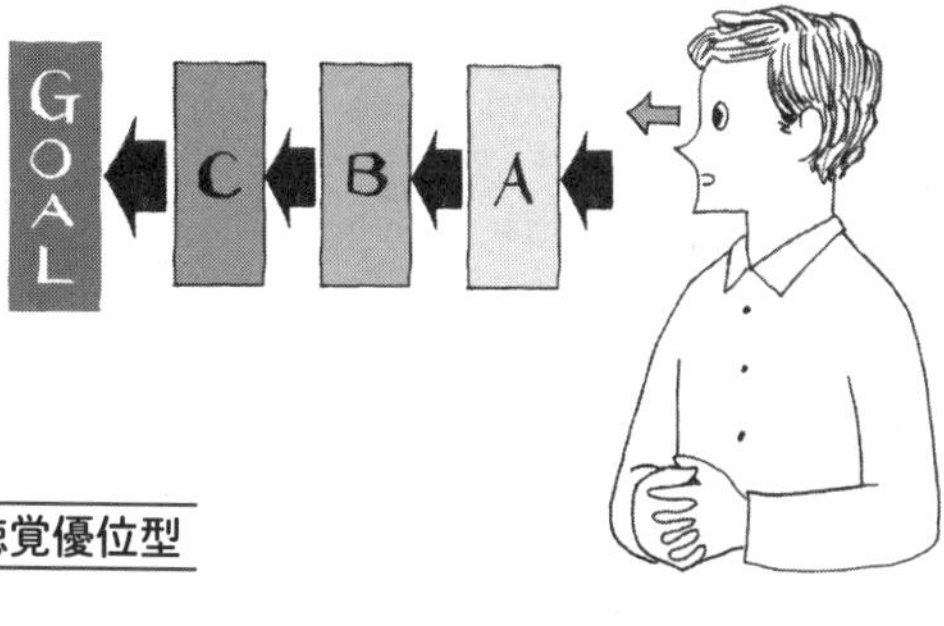

聴覚優位型

このタイプとのコミュニケーション

思いつきを言ったり、笑ってごまかしたりしないこと。目的・意義を明らかにし、メリット・デメリットにも触れ、感情論を極力排して、論理的に話を進めることです。

●感覚タイプその3「触覚・運動優位型」

別名「運動型、ムード派」。このタイプは、物事を身体の感覚やムードで捉えることが多く、映像処理や論理的な処理が苦手です。

仕事の進め方にしても、1日の段取りを決めて取りかかっても、電話が入ったりすると、突然やりかけの仕事をそのままにして席を立ち、誰かと折衝しに行ったついでに、ほかの人と世間話をしたり、席に戻ったと思えばまた新しいことを始めるなど、一貫性がないのが特徴です。特定の仕事をしていても、ふっと気がつくと、もてあましたり待てなくなって、ほかのことに手を着けなければ気がすみません。

読書にしても、1冊の本を読み終わらないうちに、また新しい本を読み始めたりして、身近に読みかけの本が散乱していても気にしないところがあります。周囲からの印象は多動、落ち着きがない、ということになるでしょう。

コミュニケーションの特性、論理展開

論理展開は「点」の移動で、あちこちに脈絡がなく、飛ぶことに特徴があります。

ある講師の講演会を聴きに行ったときのことです。その講師は「今日のお話のポイントは３つあります」と言って、黒板に1、2、3と書いて、1から話を始めました。ところが、ある人の話題になると、「アッ、そうだ。その人との出会いは、あるパーティーで……」と脱線し、その上「そうそう、そのパーティーでは○○さんにもお会いし、その後○○

触覚・運動優位型
そこでズバッと
ドーンと！
フワッとさあ…

さんのご縁で……」と本筋からはずれ、とうとう3つのポイントのうち、1だけで終わってしまったことがありました。

眼球の動き、身ぶり手ぶり

眼球の動きは、キョロキョロしていて、落ち着きがありません。身ぶり手ぶりは、かなりオーバーアクション気味で、話とは無関係な動きをします。話を聴きながらも、じっとしていられず、身体を動かしていることがあります。

表現法、話し方

声に抑揚があり、センテンスの途中で間を取ることがあります。話の内容も時系列的でなく、話の途中で先程の講師のように「アッ、そうだ」と挿入句が入ることがあります。ガンガン、ズンズン、バーンなどの擬態語が多いのも特徴です。

このタイプとのコミュニケーション

理屈より先にやってもらうこと、手に触れてもらうことです。体感派ですから「理屈より先に行動ありき」です。その上で理屈を言いましょう。

●感覚タイプを日常生活に生かす知恵

「やってみせ［視覚に訴え］、言って聞かせて［聴覚に訴え］、させてみて［触覚・運動に訴え］、ほめてやらねば人は動かじ」（※［　］は岩井注）。第二次世界大戦時の連合艦隊司令長官、山本五十六氏のこの言葉は、感覚タイプをわきまえた指導法として改めて光を放ちます。まずは自分の感覚タイプを知った上で次の3点を心がけましょう。

①**優位に溺れない**……相手の人とコミュニケーションを図る際、相手が理解できないとなると、ますます自分の優位の感覚タイプで説得しようとする傾向があります。そんなときは、自分の最優位でない感覚タイプを使う必要がある場面です。

②**劣位を補う**……劣位の感覚タイプがあるとしても、その能力はゼロではありません。訓練によって強化することもできます。ちなみに、私は視覚が劣位ですが、研修の際にパワーポイントを使って受講者に視覚的に訴える工夫をしています。

③**相手の優位に架け橋を架ける**……ここまで学んだことを実際に応用すると、コミュニケーションを図る人の感覚タイプがわかってきます。そうなると、相手の優位の感覚タイプにチャンネルを合わせて、円滑なコミュニケーションが促進されるようになります。

●パートナーとは補完し合うほうがいい

ある夫婦に「2人の新婚旅行のお話をしてくれませんか?」と尋ねると、旦那さんは「東南アジアに行きました。印象に残っているもの? 食べ物ですね。辛かった。匂いもきつい。それから飛行機に乗り遅れそうだったんで、思い切り走った」。ああ、この方は触覚・運動型だな。

奥さまは「私が印象に残っているのは夜景です。太陽が沈んでいって、空と海が一体になりそうな……。そして椰子の木の美しさ。雲とのコントラストがくっきりとしていて……」。ああ、奥さまは視覚型ですね。

感覚タイプが同じほうが相性がいいようにも見えますが、じつは**別々のタイプを補完し合うほうがコミュニケーションは豊かになります**。同じタイプだと、重要なポイントを見逃すことが増えてしまいます。

●「男らしさ」「女らしさ」より「自分らしさ」を探しませんか？

かつて、男性の魅力といえば「マッチョであること、力強いこと」であり、カウボーイのようないかにも「男らしい」男性がいました。女性でも、マリリン・モンローのような「女っぽさ」の象徴がアイコンとして通用した時代がありました。

今は、そうでもない時代に入っていると思います。タレントでいえば、マツコ・デラックスさんやりゅうちぇるさんのように性別を感じさせないキャラが人気になっています。

それでも「男は男らしく」「女は女らしくあるべきだ」という声を耳にすることはありますし、幼い女の子はピンクの服を着てお人形遊び、男の子は青い服を着て車のおもちゃ遊び、というのを見かけると、男らしさ、女らしさというのは誰がどう決めているんだろう、などと考えさせられることはありますが。

男らしさ、女らしさってなんだろう？　と悩みを抱える人もいるかもしれませんが、私はそういう観点を超えて**「自分らしさ」を探ってみませんか？**　と強調したいです。

2章

ある夫婦の結婚と別れ

…………

結婚は、互いの幸福、
子どもたちの幸福、
社会の幸福のための
２人のパートナーシップで
あるべきである。

A・アドラー著『人生の意味の心理学 上』

ケース2

離婚したばかりの元看護師の手記から

●こんなことで別れてしまっていいの？

私がさまざまなご夫婦の相談を受けて痛感するのは、「愛し合って結婚し、家族を築き上げてきた2人が、こんなことで別れてしまっていいの？」という思いです。

ロシアの作家、レフ・トルストイの小説の冒頭に、次の一節があります。

幸せな家族はどれもみな同じように見えるが、
不幸な家族にはそれぞれの不幸の形がある。

＊出典：レフ・トルストイ著『アンナ・カレーニナ』望月哲男訳、光文社古典新訳文庫

私は、この「家族」を「夫婦」に置き換え、次のように受け止めてみました。

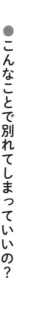

幸せに生きる夫婦は、シンプルな生き方をしているが、
わざわざ不幸になるような生き方をする夫婦は、
物事を複雑に受け止めて、結果として不幸を招いてしまう。

いかがでしょう？　カップルの形はさまざまですが、なかには「わざわざ」不幸を選ぶ人たちもいるのです。

この章では、ある女性の手記を紹介します。特定の人物というわけではなく、私がカウンセリングや研修などで実際に出合ったいくつかのケースをもとに、誰もが陥る可能性のある物語としてまとめたものです。

主人公が人生の背景で抱えていたものは何か？　そして、本当はどうしたかったのか？　架空の人物ではありますが、複数の実例を組み合わせていますので、半フィクションです。どうぞ身近な例として受け止め、あなたなりに考えながら、読んでみてほしいと思います。それでは、手記を見ていきましょう。

原点に戻った私

私は医師である夫と別れ、８歳のひとり息子の親権を夫に渡し、３ＤＫのアパートで荷物が未整理のままこの手記を書き始めています。夫と暮らした10年余を振り返ってみると、まるで夢のように感じられてなりません。

「後悔がありますか？」と問われたら、「ある」とも答えられるし、それとは逆に「これが本来の私」という気持ちもあることに気づきます。どうやら私の心は、周辺にある荷物と同じで、「未整理」と称するのが、一番自分に馴染んでいるようです。

そんな時期ですから、元の看護師に戻るか、それとも生活には当面困ることもないので、しばらく心と環境の整理をしながら先行きを考えようかと、決めることを先送りにしたい気持ちです。

もしかしたら、この手記を書くことによって、心の整理がはかどるかもしれません。ただ、どこから始め、何を書いたらいいのか、計画もできないので、ただダラダラと今までの自分を振り返ってみることにします。

「男は汚い」「男は狼」と母から教えられて育った私

私は関東地方のある県に、建築業を営む父と病院の検査技師であった母との間に生まれました。長女として生まれた私を、父親はあまり可愛がってくれなかった❶ように思います。

それなのに私が4歳のときに弟が生まれたら、父は私への態度と違って、弟を溺愛しました。代わりに母が私の味方になってくれて、家のなかでは「男」対「女」の構図が出来上がっていました。どうやら父は「後継者を授かった」という受け止め方をしていたようです。

この頃からでしょうか、父が浮気を始めたのは。父は母との間に跡継ぎが生まれたことで、まるで母の女としての役割が終わったかのように、よそに女を作ったのです。

そのことを知った母は、幼い私にさんざん「男は汚い」「男は狼」と愚痴るようになり、まるですり込むかのように一日に何度も私に聞かせていました❷。

思い出に残っているのは、私が小学校2年生のときです。校庭で遊んでいると、悪ガキの英司君が私を急に突き飛ばしたため、転んでひじに怪我をしました。

そのことを母に訴えると、母は「だから男は油断がならないのよ。汚いのだから」と言いました。どうも腑《ふ》に落ちません。父に同じことを言うと、父は「そりゃお前が不注意だからさ」と取り合ってくれませんでした。翌日、母に父の発言を伝えると、「お父さんは男だからよ。そんな人のことなんて信じちゃいけないの」と言われました。

両親の離婚、弟との別れ

そんな両親は、私が小学校の5年生のときに離婚しました。弟は父親に引き取られ、私は母と一緒に慣れ親しんだ家から3間ほどのアパートに移り住みました。転校こそしなかったものの、元の4人家族が近くに住みながらも、ほとんど行き来がなくなり、小学校で弟の姿を見ても、何だか私を避けるような態度で、とても悲しい気持ちになりました。

中学校は、私が公立入学と同時に母の旧姓を名乗るようになり、弟が私立に通うようになったので、街中でふと見かける程度の間柄になってしまいました。

男性への強い警戒心

中学2年生のとき、両親の離婚原因を知りました。母がある男性を私に紹介したんです。どうやらその人と母は、父と婚姻中も特別な関係にあったようで、そのことを知った父が母を問い詰めて、結果、離婚に至ったのだそうです。

私は、母が愛した男性に警戒心を持ちました。その男性が家族を破壊してしまったように思えて、どうしても受けいれられなかったのです。母はその人との再婚を望んでいたようですが、私はとても同意できません。父も汚かったかもしれませんが、その人だって家庭を崩壊させたという点で汚いではないか、と思えてならなかったのです。

中学生のときに遅い初恋のようなものがありましたが、交際には至りませんでした。本格的な恋愛は高校生になってからです。部活の1年先輩と交際するようになりましたが、どうしても私は心が開けず、彼は私の友人に乗り換えてしまいました。「所詮、私はダメな人間だ」と自己評価を低める3と共に、「男はずるい」「男は信用ならない」という、母がすり込んだ男性像を、身をもって認識する4ようになりました。

高校を卒業してからは、国立（現在は独立行政法人）系の附属看護学校に進みました。ここに進んだ理由は、授業料が安いことと、就職が安泰だと思われたからです。看護学校は、私に合っていました。同じ学校に通う友だちのなかには、反社会勢力の男性と関係し妊娠、退学をしてしまったり、次から次へと男性を弄《もてあそ》んだりするような子もいました。

あるとき、ステキな男性と出会いました。何の魅力もない私に興味を持ってくれて、しかも私の生い立ちに共感してくれた人です。彼と一緒にいると、友だちと過ごす時間よりも楽しく、何よりおおらかに自分の物語を語れる私を発見して、自分でもびっくりするくらいでした。

ところがある日、２人でお酒を少し飲んでから、何気なく路地裏を歩いていると、怪しげなネオン街に出くわしました。「もしかしたらこの人は誘っているの?」と思ったとたん、「男は汚い」「男は狼」と言っていた母の言葉、「男はずるい」「男は信用ならない」という信念が頭のなかでグルグルと交錯して、逃げるように私はその場を離れてしまったんです。

彼は後日、「そんな下心はない」と言い張ったのですが、一度湧き上がった思いは消し去ることができず、その人とはそれで終わりました。

看護学校を卒業し、大病院の内科に配属されると、仕事がとても面白く、恋愛する間もありませんでした。人の勧めもあって結婚情報機関に登録をしたこともありましたが、一歩踏み出すこともできず、マッチングもうまくいかないので、退会することにしました。

夫との出会いと結婚生活

30歳が近づいた頃、やがて夫になる酒井が医師として私が勤める病院にやって来ました。彼は経歴がユニークで、有名私立大学の法学部を卒業後、国立大学の医学部に入り直し、28歳で医師国家試験に合格した人です。クイズ番組に出ても他者に負けないくらいのクレバーさがありましたが、病院での経験が浅いため私が現場のことをいろいろ教えるという関係になりました。

今まで出会ったことのないタイプでしたから、私の警戒心がゆるんでいたのでしょうか、すぐに恋愛関係になり、同棲をし、いつしか結婚を意識するようになりました。

お坊ちゃま育ちの彼は、私を両親に紹介しました。もちろん結婚を前提に、です。

お母さんは、とても気配りをする人で、私は好感を抱きました。けれどお父さんは私に会うなり、「何だ、看護師さんか」5と言ったのです。職業的、家柄的に、大きな隔たりを感じましたし、その言葉を私は、いまでも忘れることができません。

それでも、この一件は酒井の説得と熱意でなんとかクリアすることができ、私たちはゴールインしました。

結婚して2年後、33歳の私は男の子を授かりました。34歳で働き盛りの酒井は、勤務医から開業医を志すようになりました。この時期は私たちの幸福の絶頂期でした。酒井は忙しい身でありながら、可能な限り子どもの世話をしてくれました。それが本当にうれしかったことを覚えています。

ただ出産以降、別の問題が生じてきました。それは、夫がセックスを望まなくなったことです。私がそれとなくほのめかすと、「ママも子育てで大変だし、男の子ができたからもういいじゃないの」6と。何だか釈然としない気持ちが残りましたが、私自身、愛する対象として子どもを授かっていたことが救いでした。

夫の開業と、芽生え始めた嫉妬心

夫は、私が37歳（夫38歳、長男4歳）のとき、内科・心療内科の看板を掲げて開業しました。独立のための資金は、夫や実家の資金のほかに私の預金、政府の助成金に加え、ある事業家夫妻の資金提供を受けました。

私は、看護師でしたから、クリニックを手伝いたいと夫に申し出ました。しかし、子育てを優先する必要を説かれ、週に2日、それぞれ数時間程度の簡単な事務のお手伝いをすることになりました。

クリニックは、夫の仕事ぶり・人柄、往診の実施などの要因が好影響を与え、人気を博すようになりました。その分だけ、夫は家にいる時間が少なくなり、事業家の誘いでクラブにも出入りするようになりました。子どもとの関わりも少なくなり、それ以上に、私に対する夫の態度が、さも私は単なる同居人、もしくは子育て担当者[7]のように扱われているような気がして、日々不満が高まっていました。

その頃からでしょうか……「男は汚い」「男は狼」の母の言葉、「男はずるい」「男は信用ならない」という、いつしか私が培った信念がよみがえってきたのです。

夫は、私の知らない香水をつけ、服装も派手になり、まるで別人のようになりました。それまでは勉強熱心で、家で地道に研究していたのですが、ある時期から「クリニックで研究している」「往診が忙しい」と口にするようになり、家にいる時間がますます減りました。


そんな時期に、２つの出来事が重なりました。

夫のポケットからあるクラブのホステスの名刺が出てきたこと。

もう１つは、ある患者からの夫と事業家夫人の関係がおかしいとの密告[8]でした。

事業家夫妻は、ある意味、夫のパトロンですから、多少のことには目をつぶっていましたが、奥様と夫が２人きりで会うことは納得できません。夫にそのことを伝えると、「心を病んでいる奥様のカウンセリングだ」とは言うものの、ご主人が不在のときに訪問したり、一緒に外出したりするのはいかがなものでしょうか？

私はやきもきして、夫が奥様からもらったと思われるプレゼントを捨ててしまうこともありました。

あるとき、私立探偵を雇い、夫を追跡するように依頼しました。探偵の中間報告によれば、夫と奥様が一緒にいる写真は手に入ったのですが、確証にまでは至りません。でも、私の疑念は晴れず、密告した人にせっぱつまって相談すると、「よほど達者なご主人なのね。あなたって、どうしてそんなに人がいいの」と言われる始末。まるで町中の人の噂になっているかのような言われ方をしました。

離婚への道

大失態が発覚しました。探偵の尾行がバレてしまったのです。夫は質問上手ですからその詰問に耐え切れず、探偵が、私が依頼人であることをもらしたのです。夫の怒りようは今までに見たこともないような激しさでした。まるで、子犬が狼になったようでした。やはり男としての本性が出たのでしょう。

決定打は「もう君とはやっていけない」のひと言。私は当初、離婚までは考えていなかったのですが、いつしか毎日毎日、夫と事業家夫人のことが頭のなかでうずまくよりは、子どもも小学生になっていることだし、解放されたいような気持ち9になり、思わず離婚を口に出してしまったのです。

協議離婚は、夫の大学時代の友人の弁護士を間に立てて、あっさりと成立しました。誤算は、ただ1つ。息子の親権を夫に持たせてしまったことです。夫が「あの母親（＝私）に育てさせたくない。息子は自分のクリニックの後継者にしたい」と判断したから。

財産分与に相当する金額は、私が夫の開業資金として拠出した金額の3倍の3千万円ほど。私としては、この金額で5年以上は無収入でも暮らせそうでしたから、分相応に思えました。

今、ひと段落して思うことは、夫と暮らした10年余がまるで夢でも見ていたかのようだということです。もともと、私にはアパート暮らしがふさわしい[10]のです。院長夫人の境遇は、私には似つかわしくはありません。母と2人で移り住んだ小学校5年生の頃のアパート生活が、私の心のふるさとのような安らぎを覚える[11]今日この頃です。

いかがでしたか？　手記を読まれて、何を感じましたか？　傍線を引いた箇所は、私が気になった部分です。尚美さんは、幼いころから父親に理解されていないと感じ、また母親からは〝母親の気持ち〟を呪文のように押しつけられて育ちました。

やがて両親が離婚。そんな背景から思春期になって恋愛をするも、あと一歩が踏み出せず、「私はダメな人間」だと、自己評価を低くしてしまったようです。

その後、幸せな結婚をするも……といった具合。そして、「私にはアパート暮らしがふさわしい」と、手記をしめくくりました。

彼女の手記を要約すると、　**・親とのつながり　・母親のすり込み　・カップル間の機微の違い　・性の違い　・感覚の違い**　などが、経験とともに表現されています。

「人間の悩みは、すべて対人関係の悩みである」と、アドラーは語っています。そして対人関係のなかでもっとも厄介でもっとも崇高なもの、それがカップルの愛です。

本書では、尚美さんの手記で気になるところや、ほかにさまざまな家庭のケースを取り上げながら、2人の関係をもっと円満にする秘訣などを紹介していきます。

自分を知る「ライフスタイル」分析

●「○○である」という現状、「○○であるべきだ」という理想

アドラー心理学の重要な概念に**「ライフスタイル」**というものがあります。一般的にいわれる「生活様式」という意味ではなく、**「自分についての信念」「自分の周りの世界に対する信念」**を指します。

アドラー心理学研究も年々進化し、現代アドラー心理学では、ライフスタイルを次のようにまとめています。

①**自己概念**……「私は、○○である」という、自己の現状についての信念

②**世界像**……「世界（人生・人々・男性・女性・仲間など）は、○○である」という、世界の現状についての信念

③ **自己理想**……「私は、○○であるべきである」「世界（人生・人々・男性・女性・仲間などといった環境）は、私に対して、○○であってほしい」という、自己、世界の理想についての信念

手記を振り返ってみましょう。

尚美さんは **1** 長女として生まれた私を、父親はあまり可愛がってくれなかったという **「世界像」** を持っていました。

そして **2** 母は、幼い私にさんざん「男は汚い」「男は狼」と愚痴るようになり、まるですり込むかのように一日に何度も私に聞かせていましたという **「世界像」** を持つようになり、父親との関係が希薄になっていきます。

また拍車をかけるように、この母親のすり込みが、ことあるごとに繰り返されていきます。

そしてついに **3** 「所詮、私はダメな人間だ」と自己評価を低める **「自己概念」** を

ライフスタイルの分類

<table>
<tr><th></th><th>自己</th><th>世界</th></tr>
<tr><td>現状</td><td>自己概念
「私は、○○である」という、自己の現状についての信念
</td><td>世界像
「世界は、○○である」という、世界の現状についての信念

</td></tr>
<tr><td>理想</td><td colspan="2">自己理想
「私は、○○であるべきである」
「世界は、私に対して、○○であってほしい」
という、自己や世界の理想についての信念

</td></tr>
</table>

持つと共に、**4**「男はずるい」「男は信用ならない」という、母がすり込んだ男性像を、身をもって認識する。これは、まさに否定的な世界像と低い自己概念をもとにして「男性に対して警戒しなければならない」という**「自己理想」**を伴うライフスタイルを形成していたことになります。

●親の過度で強引な重圧が子どもに与える悪影響

ここで補足として「親との関係性」について、述べておきます。

尚美さんの母親は、いわゆる「重たい親」であり、「男はずるい」「男は信用ならない」と娘にすり込む行為は**「親の重圧」**です。

近年では「毒親」と呼ばれ、社会問題になっているほどですが、こういった親の過度で強引な重圧は、子どもに大変な悪影響を与えます。

傾向1

まさに尚美さんのように、成人しても親の呪縛から逃れることができなくなり、人生が支配されてしまう。

傾向2

そのため支配性・依存性・攻撃性が、人生で重要な決断に迫られたとき、前面に出て、先行きの不安、自分を罰し続ける罪悪感、不完全な心が呪縛によって浮き彫りになり、交友のタスクや、愛のタスクに支障をきたすことになる。

アドラー心理学では、**親からの影響は「本人の決断」と「自覚的な努力」で克服することが可能だ**と教えています。

しかし、尚美さんは、あの段階ではできませんでした。それはなぜか？

物心がついてからの人生（彼女の場合は、働くようになってからの人生）は、**「自分が主人公である」**と認められなかったからです。

もし成人してから、自分が抱えている問題に対して、少しでも建設的な対策を講じ、問題を解決する努力ができていたら、親の呪縛から、自らを解き放つことができ、すなわち、自分の人生を取り戻すことができたはずなのです。

●「私は○○である」という固定イメージは、変えられる

人は簡単には変わらない。長年の思い込みは消えない……。そういう考えの人もいますが、現代アドラー心理学では「変えられる」と断言しています。

自分を変えるカギとなるのが**「ライフタスク」**という、人生のさまざまな場面で直面する「課題」です。私たちは生きていくうえで、いろいろな課題とぶつかります。

問題があったとき、それに対してどう対処するか。問題が起きたこと自体はマイナスに感じるかもしれませんが、課題をポジティブに捉え、どう対処するかによって、成長の糧になります。

アドラー心理学では、ライフタスクを次の3つに分類しています。

①**仕事のタスク**……役割・義務・責任が問われる生産活動への取り組み

②**交友のタスク**……友人、趣味仲間、ご近所さんなど、身近な他者とのつきあい

③**愛のタスク**……カップルを基本とし、親子も含めた家族の関係

さまざまなライフタスクに直面したとき、いかにして自分のライフスタイルを使って対処するかが問われますが、残念なことに、尚美さんは「愛のタスク」を上手に乗り越

3つのライフタスク

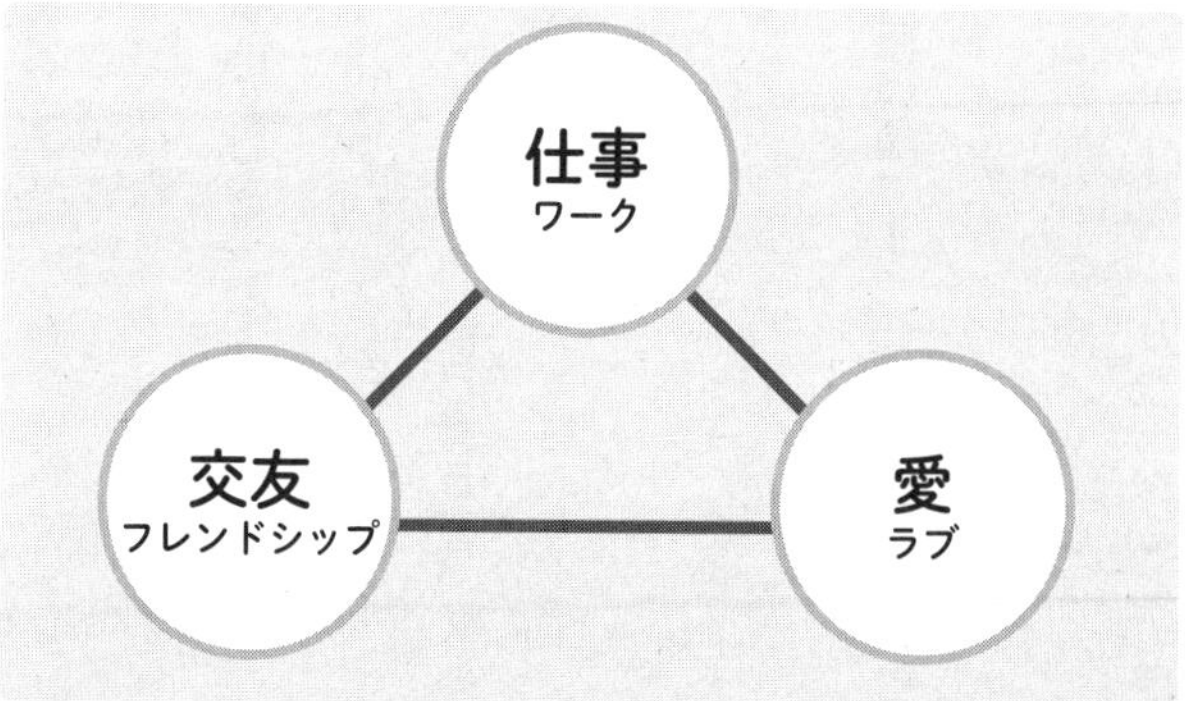

えることがむずかしく、ライフスタイルを変えられませんでした。

●変わるための鍵は「過去」よりも「未来」を見つめること

なぜ、彼女は自己を受け入れられず「愛のタスク」を活用できなかったのでしょうか？

たくさんの人のカウンセリング経験を通じて言えることとして、**自己肯定感**が低い人は、この尚美さんのような傾向があります。問題の根源を「過去」に求める傾向があり、他人を心から信頼することが苦手なのです。

しかも、その過去が自分の「現在」にまで悪影響を及ぼしている、と考えがちです。

こういうネガティブな考え方の傾向を心理学では**「原因論」**または**「過去志向」**とよびます。原因論では「自分と周りの人物（親やパートナーなど）のうち、どちらが悪いか？　どこが問題か？」といった発想になり、関係が悪化しやすくなります。

原因論で物事を捉えてしまうきらいがあると何か1つがうまくいかなくなると、その状況を悲観し、まるで自分が被害者や犠牲者のように捉えてしまう。自ら悪影響下に身をおいて負のスパイラルに陥るのです。

尚美さんの場合は、「男は汚い」「男は狼」「男はずるい」「男は信用ならない」という「世界像」や過去にとらわれたばかりに、根本的に「夫と向き合わなかった」のです。不倫をしていると思い込み、**9** 夫と事業家夫人のことが頭のなかでうずまくよりは、解放されたいような気持ちになり、離婚を口走ってしまいました。

手記の最後にある **10** もともと、私にはアパート暮らしがふさわしい、**11** 母と2人で移り住んだ小学校5年生の頃のアパート生活が、私の心のふるさとのような安らぎを覚えるという一文からも、尚美さんがネガティブな「自己概念」を持っていたことがうかがえます。

一時期、心理学ではこの原因論（過去志向）が主流をなしていましたが、アドラー心理学では、原因論の対極にある**「目的論」**を提唱しています。

目的論とは、「人間の行動には、その人特有の意思を伴う目的がある」という理論で、**「未来志向」**ともいいます。原因を探っても解決にはつながらない、という考え方です。

過去の原因にとらわれてしまっていたがために、「夫と話し合う」「夫のことを理解しようと試みる」といった適切なコミュニケーションをとれなかった尚美さん。

もし、少しでも目的論の思考があれば、結果はどうなっていたでしょう？

未来志向や、個人の主体性があったら？

当事者意識としての自己概念や自己理想があったなら？　はたして……。

3章

恋愛、結婚、夫婦生活…
傷ついてこそ「ふたり」は育ち合う

…………

平等という適切な基礎があって初めて、
愛は正しい道を取り、
結婚を成功へと導く。

A・アドラー著『個人心理学講義』

「愛」とは、「結婚」とは一体、なんだろう

いわゆる「婚活」世代の結婚観は？

「婚活」という言葉が流行語大賞にノミネートされたのが、２００８年。

それからもう10年以上が経ちましたが、婚活市場はまだまだにぎわっています。

素敵な出会いを求めて奮闘中の30代、百合子さん（仮名）からこんな話を聞きました。

「結婚相談所や婚活アプリに登録すると、たくさんの男性のなかから自分に合いそうな人を絞るために〝年収〟〝職業〟〝学歴〟などで条件を限定していきます。

子どもを産みたいから正直、タイムリミットがあるし、短期間ですべての男性と会ったり喋ったりできるわけじゃないので、数を絞るために、それが最低限の条件になる。あとは、ルックスもちょっと気になるので、顔写真は必須です。

年収を重視するのは、子育てを視野に入れているから。子育てのお金が足りるのか、教育費が出せるのかという目線で、相手を見ます。たとえば子ども2人を産み、私立校に通わせて、子どもがしたいと言った習い事をさせてあげて……とか考えていくと、1000万円くらい年収のある人と結婚しないと不可能だって思うんです」

彼女のお話は実感が伴っていて、切実に感じました。ただ、正直なところ、相手から与えてもらうことしか考えていないようにも感じます。結婚相談所などでは、出会いを探している女性へ「相手から与えてもらうことではなく、自分が何をできるか探しましょう」とアドバイスしているところもあるようですが……。

百合子さんは、こう続けます。

「女性が社会進出をするのが当たり前の時代になっても、いまだに女性は受け身で、男性にいかに幸せにしてもらえるか？　私のことを幸せにしてくれる相手かどうか？という基準で探してしまう。私だけじゃなく、おそらく女性のなかには本音や実感として、そういうのがあるんだと思います。まあ、そこから抜け出したほうが幸せになれるのかも？　なんて、思ったりもするんですけど」

●結婚相手を決めるには、準備期間が必要です

結婚とは、夫婦とは、一体何なのでしょう？

私は、**夫婦とは、ともにつくりあげるものであって、ステータスや見かけで判断して結婚するものではない**と思っています。いきなり「恋愛」として関係を始めるのではなく、お仕事で知り合った、まずは友人になった……といったようなスタートがあってのプロセスが必要だと思うのです。

結婚相手を決めるときは、何人か候補がいて、友人として相手を見る期間がある程度あって、そのなかからパートナーを決めたほうがいいでしょう。

それなのに、関係がいきなり「恋人同士」としてスタートするというのは、最初から1人に決めようとしているわけですから違和感があります。

相手がどんな人物かを見極めもせず、形だけ恋人同士になって、いきなり一直線に、

パートナーと結婚する。これでは、「目的」と「手段」がごっちゃになっています。「結婚したい」と思ったら、経済的に条件のいい人や社会的地位のようなブランドに注目するよりは、友人期間のうちに自分のなかで何かしらの選択肢を持ち、それなりに確かめてから決めればいいのではないでしょうか。人柄、性格、食べ物の好みや嗜好性など、いろいろな部分を吟味する期間があっていいのではないかと思うのです。

私は住む家を決めるために、70~80軒の家を見て歩きました。そのなかから、一生住むつもりで、今の家を決めました。

結婚もそれと同じです。**一生つきあう人を選ぶという点においては、容姿や経済力、職種やブランド力だけではなく、もっと選択肢を増やす必要がある。**そこに至るまでは、別れたり、振られたり、いろいろなことはあるだろうけども、そのなかから決めたほうがいい。

とにかく「結婚」だけを念頭においておつきあいを始めるような形は、やめたほうがいいと思うのです。

●心理学者・フロムの「愛」の基本的要素

あなたは、愛し合うことを、どう捉えていますか？

ドイツ出身の心理学者で、アドラーの次の時代を生きたエーリッヒ・フロム（1900〜1980年）の『愛するということ』に、こんな一節があります。

愛の能動的性質を示しているのは、与えるという要素だけではない。あらゆる形の愛に共通して、かならずいくつかの基本的な要素が見られるという事実にも、愛の能動的性質があらわれている。その要素とは、配慮、責任、尊敬、知である。

＊出典：エーリッヒ・フロム著、鈴木晶訳『愛するということ』紀伊國屋書店

しかし実際のところ、多くのカップルは、晴れて結ばれると、すぐに「自分が幸せ

にしてもらえるかどうか」を考えてしまいます。
相手にサービスを要求することが増え、相手に与えること、相手を尊敬することはだんだん薄れていってしまうのです。

結婚したから夫や妻は自分のもの、結婚すれば一生「妻」という地位、「夫」という立場にいる、というのは、おかしいように思います。

結婚に伴う責任とは何かと言ったら、**彼女なり彼なりのパートナーとして、十分な資質を持ち合わせているかどうか**だと思うのです。

その資質を持ち合わせずして、あるいは持とうと努力もせずに、「幸せじゃない」と不平不満をたれるのは、違うと思うのです。理想論すぎますでしょうか？

●アドラーは「結婚」をどう定義していたか？

アドラーの著書に「協力」をキーワードにした、次のような定義があります。

愛と結婚は、人間の協力にとって本質的である。
その協力は、2人の幸福のための協力であるだけでなく、
人類の幸福のための協力でもある。

＊出典：アルフレッド・アドラー著『人生の意味の心理学 下』アルテ

アドラーは、**結婚におけるカップルの協力が、自分たちの幸福だけでなく他者にも影響を持つこと、そして人類の幸福にまで広がりを持つこと**を意味していたのです。

先述の「男性にいかに幸せにしてもらえるか？」という基準で婚活をしている百合子さんの結婚観とは、かなり異なりますね。

また、アドラーの高弟、ルドルフ・ドライカースは、次の言葉を残しています。

Love is not an emotion.
Love is a relationship.
（意訳：愛とは、感情というよりは、うまくいっている人間関係の副産物である）

はじめに「愛情」というものがあって後から関係が築かれるのではなく、うまくいっている人間関係のなかに、いつの間にか愛情が生まれる、というわけです。

今、新しい出会いを求めている人にとっては「愛」という目に見えないものがどこかにあって、それを探している感覚かもしれません。特定の相手がいないと、余計に、つかみどころがないのかもしれません。

でも本当は、愛とは、ちゃんとした人間関係が成立してからようやく生まれてくるものなのです。

コミュニケーション不足を解消するには

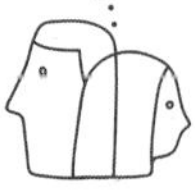

●ふれあいのコミュニケーションのすすめ

婚活世代の男女のお話を聞いていると、相手とのおつきあいやデート、メール交換などのコミュニケーションを「面倒なもの」「仕事や趣味に忙しい自分にとって余計なもの」と捉えているような印象を受けることがあります。

また「振られること、傷つくことがこわい」といったおびえの気持ちも隠れているようです。婚活で断られたら、相談所に聞けばなぜ断られたかの理由を教えてくれるようですが、聞く人は少ないようです。

異性のみならず、**人間関係全般のトレーニングとして、パートナー探しがある**のだと私は考えていますから、「販売は断られてから始まる」という言葉があるように、異性から断られることはいいトレーニングになると思いますが……。

アメリカの心理学者・行動分析学者のバラス・スキナーは、コミュニケーションのことを「言語行動」とよび、「マンド」「タクト」という2種類の造語で分類しました。

「マンド」とは、ディマンド（demand）の略で、要求言語。**命令・要求・依頼を伴うコミュニケーション**のことです。

たとえば「会社の帰りにケーキを買ってきてください」「明日、幼稚園のお迎えお願いします」「来週日曜までに、荷物を用意しておいてくれる？」など。

もうひとつの**「タクト」**はコンタクト（contact）の略で、報告言語。**外界にあるモノや出来事に触れて、それについて記述や報告をするコミュニケーション**のこと。

簡単にいうと、「マンド」以外の範囲を指します。

たとえば、「今日、○○駅に出掛けたら、あなたのお友達のAさんにバッタリ会ったの」「近所に新しいパン屋さんができたみたいよ。おいしそうだったな」など。

ふれあいのコミュニケーションともいいます。

円熟したタクト・コミュニケーションが人間関係の豊かさを生みますが、最近はタクトを苦手とする人が本当に多いです。とくに男性にその傾向が強いように思います。

家庭内で、会話はするけど命令・要求・依頼を伴うことしか言っていないかも……？

思い当たる人はいませんか？

●かりそめの友情で孤立を避けていませんか？

現代はインターネットで、どこにいても誰とでも簡単につながれるようになりました。ひとり暮らしでも孤独や寂しさを感じることが減ったようです。

ただ、「かりそめ」のつながりはありますが、真の友情は育つのでしょうか？

未婚率が上昇するのに比例して、就職後に実家暮らしを続ける人が増えていると聞きます。居心地のいい実家という、安心できる空間のなかで、過保護な親に守られた状態が続くと、結婚へのモチベーションがわかないのかもしれません。あえて孤立を避けるようになります。

夫婦の3組に1組が離婚する時代ですが、私から見ると、**離婚した夫婦の多くは、どうも結婚期間中に「実家」を引きずっていたケースが多い**ように思います。

そもそも花嫁が白無垢衣装を着るのには、「相手の色に染まれるように」という意味があり、「死への旅路に出る」(=死に装束)という意味もあります。死んで実家を出て、新しい門(=新しい家)に入らなくてはいけない。それなのに、実家からの脱皮を怠り、新しい家になじむ努力もしなかったような気がしてなりません。

●結婚は「決意」であり「覚悟」であり「お互い育ち合う」こと

結婚は、実家の延長ではなく、新しくつくるもの。ですから、結婚後に何かと「実家が……」と言い出す人は、未熟なのだと思います。

親御さんのなかには、なかなかできた方もいらっしゃって、ある女性が子どもを実家に預けたとき、実の母親からこう言われたそうです。

「子ども(孫)を見るのはいいけど、お金ちょうだい」

「何よ、お母さん、よそよそしい……」

「ほかの人に世話を頼んでごらんなさい、あなたも御礼はするでしょ? 私はお金がほしいんじゃないの。そのくらいの気持ちで、実家を出たのだと考えてほしい」

私はこのお母さんに賛同します。おじいちゃん、おばあちゃんだからといって、孫の面倒を見るのは当たり前ではありませんから。

ほかにも、夫とケンカをして実家を頼ったら、実の親から「私はお前を嫁に出したんだ。こういう時には来てほしくない。頼るなら、ほかを頼りなさい」と帰された女性がいます。彼女は、「なんて残酷な！」と思ったそうですが、冷静になってから振り返ると、かえってそのほうがよかった、と言っていました。

ケンカしたくらいで簡単に実家に帰るものではありません。**実家との協力は必要ですが、なあなあ感覚の馴れ合いは不要**です。

馴れ合いとなると、とかくその家を離れた社会秩序に反することがあります。

アドラー心理学では、結婚によって別の家庭を形成したカップルには、新たな家特有の価値観と雰囲気を形成する責任を担うため、カップル間の元の家庭から脱皮できないことを未熟だと捉えます。

●まるで姉妹のような「仲良し親子」の違和感

近頃は、まるで姉妹のような「仲良し親子」がいるそうですが、ものすごく不自然な関係だと思います。

「**共依存**」とよばれる領域であり、娘はいつまでたっても自立できない。結婚というのは、自立し合った2人が一緒になって初めて、いいパートナー同士になれるのですから、実家への依存をひきずったままの人は、結果、離婚しやすくなります。

共依存とは、お互いに、他人から必要とされることで自分の存在意義を見出し、満足感や安心感を得るような関係性のことです。自立した意志や価値観がなく、人から与えられるものがすべてになっているので、両者とも常に不安を覚えています。

察してほしい人、察しない人、察しすぎる人

●日本人の「察する」文化、欧米の「主張する」文化

ふれあいのコミュニケーションを苦手とする日本人が増えている一方で、妙なコミュニケーションが蔓延《まんえん》していることが気になっています。

いわゆる**日本人特有の「察する文化」が過剰になっている**ことです。

2017年の春に「**忖度**《そんたく》」という、それまであまり聞き慣れなかった言葉がテレビや新聞で頻繁に取り上げられました。『広辞苑』で引いてみると、「他人の心中をおしはかること」とあります。

忖度という言葉をマスコミが使い始めると、絶対的な支配力・影響力を持つ空気として、「他人の心中をおしはかること」がまるで当たり前の常識であるかのように伝《でん》

播《ぱ》してしまいます。

アメリカ人と国際結婚した女性の悩みです。夫がジョン（仮名）という友人を頻繁に家庭に招いている。妻としては、そんなに来客が続くと困るので「私、ジョンが嫌いなの」と夫に伝えた。夫は「そうなんだ」と受け止めてくれた。それなのに数日後、またジョンを連れてきたというのです。

夫が日本人であれば、妻の表情や言葉のトーンから察して、「ジョンを連れて来ないでね」という文脈だと理解されるでしょう。

しかし、夫は**「主張する文化」**のアメリカ人。「私、ジョンが嫌いなの」と言われても、行間を読んだりせず「そうなんだ、君はジョンが嫌いなんだ」と、文字どおりの意味に解釈します。裏にどんな意味を含んでいるかを汲み取ってくれないのです。

中国人や韓国人にも、この「主張する文化」の傾向はあります。

日本人はもっと、もっと言葉で伝えよう

こうした国際的なコミュニケーション・ギャップがあるという前提で考えると、日本人はもっと、もっと言葉で意味や内容を伝えないといけない。

そうしないと理解し合えない時代に入っているのです。

欧米タイプのように、思ったことを何でも言葉にする人から論理で迫られると、「そこまでうるさく言わなくてもいいじゃないの」と言いたくなりますし、日本人タイプのように相手から察してもらうことを期待している人には「言葉にしなくちゃわからないじゃないの」とイライラします。

日本人にも「察することができない人」が増えている

国際的なギャップだけでなく、どうも近頃、パートナーシップにとって重要な**「共感力」**のない人が増えているような気がしてなりません。

「察する」にまつわるさまざまな思惑

共感とは、相手の関心・考え方・感情や置かれている状況に関心を持つこと。共感力のない人は、自分にしか関心が持てず、他者への関心が希薄で、その場でどんな振る舞いが求められているかを察知する感性が欠如しています。

2016年放送のテレビドラマ『逃げるは恥だが役に立つ』も、ある種の共感力のない男性が主人公でした。そういう男性を相手にして、「私が気のあるそぶりをして、気のある態度をとっているのだから、そろそろ声をかけてくれてもいいんじゃない？」と期待しても、男は動きません。「だって、君、何も言わなかったから」と。

アドラーは、共感について**「他者の目で見、他者の耳で聞き、他者の心で感じること」**とし、**共同体感覚**と切り離せないものと捉えていました。別の言い方をすれば、共感力のない人は「共同体感覚に欠けた人」と言ってもいいかもしれません。

共同体感覚とは、共同体（たとえば家庭、地域、仲間との集まりなど）に対する所属感・共感・信頼感・貢献感を総称した感覚・感情であり、アドラー心理学では、**精神的な健康のバロメーター**とされています。

ケース3 疲れた妻、夕飯が気になる夫

●「ひとりきりになりたい」妻の本心は、何だったか？

姉を亡くして気落ちしている、美由紀（仮名）のケースです。姉の告別式を終えた日のこと。夫・広志（仮名）と、地方からやって来た広志の兄と一緒に家に帰ったのは、18時ごろでした。

疲れ果てた美由紀は、広志に「私、疲れたわ。頭が痛い」と訴えました。彼女にしてみれば、自分の姉を喪った悲しみに加え、親族や来客の対応に追われた忙しさから解放されたい思いで一杯いっぱいになっていたのです。

今は、ひとりきりになりたい……こんなことなら広志の兄のために、別にホテルを予約しておけばよかった、と少しばかり悔やみました。

続けて「なんだかひとりになりたいくらいだわ」と美由紀が言ったとき。

広志からこんな言葉が返ってきたのです。

「俺たちの夕飯、どうなるの？」

美由紀は、目が点になりました。

「あなたって、私の気持ちがわからない人なの？」

さて、広志は、なぜ夕飯を心配したのでしょうか？　「私の気持ちがわからない人なの？」と言った美由紀は、広志についてどう感じていたのでしょうか？

●2人の違いからわかること：満たす人、味わう人

ケース1のおさらいにもなりますが、広志のような「満たす人」は、計画的にプロジェクトを滞りなく進めたい人です。プロジェクトなんて破綻している状況なのに、「夜になったら当然、夕飯だ」と考えます。

●解決策：柔軟性のない相手にこそ、言葉に出して言う

美由紀は、効率重視で目標志向的な広志のことを「この人は私の気持ちを理解してくれていない」と受け止め、「私をせかさないで」と煩わしく感じます。

広志は、美由紀が頭痛を訴えた段階で「今日1日、大変だったね。疲れたよね」と言ってから「今夜の夕食は、店屋物でも取る？　それとも外食にでもする？　何か僕にできることはないかな？」とでも言えばよかったのです。

美由紀のほうも、「あなたのお兄さんが来てるんだから、夕飯はあなたが仕切ってくれない？　私、一杯いっぱいだから、外食するなり、店屋物を取るなり、お願いできないかしら？」と、ひと言伝えればお互いのためになります。

ここでの教訓は、広志のように仕事感覚で家庭の運営をしないこと。とりわけ、パートナー（ここでは妻）が気落ちしているときは、**「妻の目で見、妻の耳で聞き、妻の心で感じること」**です。そして美由紀のような人は、状況から察してほしい、という考えを改め、はっきりと言葉に出して言うことです。

ケース4

殺人事件に発展してしまった、妻の心とは

●助言しがちな夫、ただ聞いてほしいだけの妻

相手への「察してほしい」という期待が過剰になると厄介です。ひとつ例を紹介します。

1999年11月、東京・護国寺の幼稚園で起きた音羽幼女殺人事件を覚えていますか？　この事件は、同じ幼稚園に通う母親同士の確執から、Hちゃん（当時2歳）が、兄の同級生の母親であるYによって護国寺境内のお手洗いで殺されたものです。一時は「音羽お受験殺人事件」とも騒がれました。

実態はかなり複雑で、数回の公判を通じて、事件に至る背景が明るみになりました。

Yは、Wさん（Hちゃんの母）との関係が悪くなってきたことを夫である僧侶に相

談しました。すると夫から、このような助言が返ってきたそうです。

「お前がぐずぐずしているのがいけないんだ。幼稚園が終わったら自転車に乗せてすぐ帰ってくればいいんだ」

それでも悩みは続きます。Yは、ある晩、夫にこう尋ねました。

「私が犯罪者になったら、どうなると思う?」

ここで、夫の立場として考えてみてください。生活を共にする妻から「犯罪者」という言葉が出たのです。あなたが夫なら、どう応答しますか?（あなたが妻なら、夫からどう言ってほしいですか?）

結果としてYは、Hちゃんを殺してしまいました。夫は、妻との会話で満足を与えられなかったようです。実際、どんな言葉を発していたのでしょう?

●2人の違いからわかること：察してほしいだけの人もいる

「何をバカなことを言う。そんなことをすれば一家離散じゃないか」

これが夫の回答でした。ある意味、論理的な筋道が通っています。しかし、肝心な何かが欠けていると思いませんか?

妻が「犯罪者」と口に出したとき、その言葉には深い思い（＝意図、感情など）が込められていました。ちなみに、この夫はお寺の副住職で、電話相談も積極的に行っていたそうですが、妻の思いだけは、少しも受け止めていなかったのです。夫から理解が得られなかったYは、Hちゃんを殺害しました。

夫は、後の公判の証言で次の言葉を残しています。

「妻の言葉は聞いたが、心は聞かなかった」

相手の話をしっかり聴くというのは、試験問題の解答と違って、言葉だけに反応することでなく、ある状況での相手の意図、感情、情報など、言葉の裏側にある要素を推測して、対応しなければならないのです。

●解決策：まずは相手に共感して、話を聞く

もしパートナーが察してほしいという期待が過剰なタイプだとしたら、重たく感じるかもしれませんが、面倒くさがらずに対応しなくてはいけません。「私が犯罪者になったら、どうなると思う?」と訊かれたら、どう返したらいいでしょう?

私なら、まず「えっ、君が犯罪者だって?」と同じ単語を繰り返します。

コミュニケーション技法のひとつである**「繰り返し法」**の実践です。

そうすれば彼女の口から、「べつに人を殺したいと思ってるわけじゃないのよ」と、言葉の裏にある思いが出てくることでしょう。

ひと言に「確認」といっても2種類あって、**①繰り返し**。同じ単語をリピートしながら、相手の言っていることを噛《か》み砕いてみたり、補足してみたりします。

そして、**②明確化**。言葉の背後にあって伝えきれていないものを汲んで、推測を交えながら伝えることです。

実践例としては、まずは相手に共感して、相手の話をちゃんと聴く。そして、

「もしかしたらWさんのこと?」

「実は、Wさんのことで一杯いっぱいになっちゃってるの」と妻から返ってきたら、「僕に何かできることはないかな？」もしくは「君なりに、しようと思うのはどんなこと？」といった聞き方をします。

この事件のような悲劇を繰り返さないよう、くれぐれも「言葉は聞いたが、心は聞かなかった」ということがないように、気をつけたいものです。

●男の「助言・解釈・肩代わり」3セットは余計です

男はおうおうにして、すぐに助言・解釈・肩代わりをしがちだと思います。もちろんすべての男性がそうではないし、一部の女性にも助言したがる人はいますが、男性にこの傾向が強いのです。私は「ニーズなきところにサプライするな」と言いたい。

アメリカの心理学者、レオ・バスカリア著『愛するということ、愛されるということ』に作者不明として収められた詩を紹介します。とても美しく、せつない詩です。

「話を聴いて」と言っているのに、あなたはすぐに忠告しようとする
なぜ私の言うとおりにしてくれないの
「話を聴いて」と言っているのに、あなたはすぐにお説教を始める
なぜ私の心を踏みつけるの
「話を聴いて」と言っているのに、すぐに私の問題に首をつっこんでくる
私はガッカリしてしまったわ
だから、きっと祈りが役に立つのでしょうね
神様は何もおっしゃらないから
忠告なさったり問題に首をつっこんだりなさらないから
神様は黙って耳を傾けられ、私達に問題の解決を任せてくださる
だからお願い、静かに私の話を聴いて
ほんの少し待ってくれたら、あなたの話を聴いてあげるから

＊出典：レオ・バスカリア著、草柳大蔵訳
『愛するということ、愛されるということ』三笠書房知的生きかた文庫
＊原文が "Listen" なので、訳文の「聞いて」を「聴いて」に改変

ケース5

から揚げにレモン、かけていい？

●受け止める側の「忖度」が過剰すぎると…

これまで見てきたように「察して」が過剰な人も厄介ですが、一方、受け止める側が「忖度」をしすぎることも考えものです。

テレビドラマ『カルテット』（2017年放送）で、ある夫婦のおもしろい事象がありました。松たか子さん扮する真紀と、宮藤官九郎さん扮する幹夫の夫婦は、仲睦《むつ》まじく暮らしていましたが、あるとき突然、幹夫が失踪してしまいます。

このドラマの見どころは、真紀が幹夫を殺したのではないか？　というサスペンスな展開と、それを疑うさまざまな人物が複雑な思いを絡めて織りなす人間模様なのですが、私が注目したのは、このドラマでは**食事のシーンが鍵となって「カップルのすれ違い」が浮上する**ことです。

2人が仲良く暮らしていた頃、真紀は得意料理のから揚げを振る舞っていた。食べる直前に、レモンをかけて味を調整する気遣いまである。

そんなある日、真紀が友人と飲みに出かけた店に、たまたま幹夫も会社の元部下の西村と一緒に来ていた。そこでなにげなく、向こうの会話が聞こえてくる。

西村から「(から揚げに) レモンかけますか?」と聞かれ、幹夫は「ああ、いらない。俺レモン嫌いだから。外で食べるときぐらい好きに食べさせてくれよ」。

夫婦の食卓で、真紀は今までずっと、よかれと思ってレモンをかけていた。だが実は、幹夫はずっと嫌がっていた。しかも、そのことを、ずっと自分に言ってくれなかった。真紀は真実を知り、衝撃を受けてしまいます。

●2人の違いからわかること:「察してほしい」人と「忖度しすぎる」人

さらにこの夫婦には、理想とする「結婚像」が異なる、という背景がありました。

真紀の実家は、あまりいい家庭とはいえず、「自分が結婚したら、幸せな家庭を築きたい」と願っていた。ほのぼのとしていて温かい、落ち着ける家庭を築きたかった。

一方の幹夫は、バイオリンを弾いていた真紀のミステリアスな部分に惹かれて恋愛感情を抱き、結婚後もずっと恋人同士のようなときめきを求めていた。それなのに、結婚をしたらだんだん庶民的になり、いつしかバイオリンも弾かなくなってしまった。そんな所帯じみた妻が、嫌になってしまったのです。

これは、結婚相手には自分とは違うものを求めていたのが、だんだん同調化していく典型だと言えます。

居酒屋で妻の愚痴を言う幹夫に対し、西村は「奥さんのこと愛してないんですか?」と尋ねます。幹夫の答えは、「愛してるよ? 愛してるけど、好きじゃないんだよ」という、なんとも切ないものでした。

●解決策1：自分の気持ちを、素直に言葉にしてみる

幹夫と真紀の夫婦は、「言いたいことを言葉にできなくて、察してほしい人」と

「忖度しすぎる人」が結婚してしまった例です。あっ、うちも当てはまる！　という人もいるかもしれませんね？

から揚げレモンのように、もし家庭内でパートナーから自分の好みと違うことをされた場合、気持ちを素直に言葉にしてみるのはいかがでしょう。

「たまには、レモンかけないのはどう？　君は、かけるのが好きみたいだけど、今日はかけないのを食べてみたいな」

といった具合に。まずは、レモン汁をかけずに2人で食べてみて、

「どうだろう？　もし君はかけたほうがよかったら、半分はレモン、かけていいよ。けれど、もう半分はかけないでほしい。僕も、レモンがほしいときは自分でかけるから」と、素直な気持ちを言葉にできたらいいですね。

●解決策2：先回りして忖度せず、相手の了解をとる

一方、よかれと思ってレモンをかける妻。忖度がアダになってしまっています。

英語にあって日本語にないものは「May I help you?」という表現です。直訳すると「お手伝いしましょうか?」で、洋服店の店員さんが言うと「何をお探しですか?」、電話のオペレーターが言うと「ご用件は何でしょう?」といった意味になります。つまり、**「○○していい?」と、了解を取る**表現です。

これが日本人には足りないように感じます。その代わりに、相手の気持ちを勝手に忖度して、親切心から先回りすることに長《た》けています。「May I help you?」(○○していい?)とひと言あれば「No」(結構です)と返す余地がまだあるのですが、真紀のように相手の気持ちを都合よく解釈してしまうと、レモンが嫌いな人からすると「No」を言えなくなります。

ちなみに『カルテット』では「レモンかけますか?」という言い方でもまだ足りない、という人が登場。質問形だと、本当は大丈夫じゃないのに「大丈夫」と言ってしまうから、「レモンありますね」と確認形でなくてはならない、という主張がありました。これほどまでに食べものの尊厳というものは大事にすべきなのです。

「察することができる」は「気が利く」ではない

●「気が利くことこそ素晴らしい」って本当?

誤解を恐れずに言えば、私は「気が利く」人は、あまり好きではありません。

気が利く人のなかには、いわゆる「愛されキャラ」を意識している人が多く、**気が利くことによって周囲からいい人だと思われるはず、という下心**が見えてしまいます。「モテたい」「愛されたい」という、したたかな計算付きで気を遣っている人が多いように思うのです。

気が利く人は**「Pleaser(=喜ばせ屋)」**といって、相手に気に入られようとして、無理なことでも引き受けてしまう傾向があります。

たとえば、そんな気に入られ屋さんが役員秘書になったとします。役員は「この資料を特急で終わらせてほしい」と言った。実は彼女はその晩、デートの約束があったので18時には帰りたいと思っていたが、「特急でやってくれ」と言われたので、なんとか一所懸命、資料を作成して20時に仕上げた。それを役員に渡すと、「あれ？　今日やってくれちゃったの？　明日14時からの役員会までに間に合えばよかったのに」。

彼女は一言、「この資料は、いつお使いですか？」と聞けばよかったのです。

それなのに気を利かせて、デートを犠牲にした。しかしそれは、相手の望んでいないことであったり、自分に不都合が生じたりする。

気が利くのも良し悪しなのです。「気が利くことこそ素晴らしい」といった価値観にとらわれるのではなく、実際の「言葉の通い合い」を大事にしてほしいものです。

●食卓にこそ「合意」が必要である

数年前に「女子力」という造語が流行り始めたころ、宴会でサラダをすすんで小皿に取り分ける行為を「女子力が高い」（＝気が利く）と評する空気がありました。

これも考えものです。人によっては「サラダを勝手に分けないでくれ。私はサラダをそんなに食べたくないんだ」という人もいるのですから。

中華料理屋で、餃子がテーブルにきたら、全員分の小皿にタレを用意してくれる人がいます。醤油を多め、酢を少し、ラー油をたらして……。でも実は、私はこれが嫌いなのです。一番邪道だと思うのは、ラー油から入れ始める人。ラー油の後から醤油や酢を入れても混ざらないのに。

私には餃子のポリシーというものがあって、酢2：醤油1なのです。人によっては、酢を入れない派、何もつけずに食べたい派もいたりする。好みはさまざまなのに、全部自分の都合で入れちゃうというのは、餃子に対する尊厳に欠けている！

棒棒鶏も、テーブルにやってきてすぐ捏《こ》ねはじめる人がいますが、私は別々に食べたい。ミックス済みの棒棒鶏なんて食べたくないんです！

焼き鳥も、串からはずす人がいますが、焼鳥とは横からかぶりつくものですよ！

……というのは半分笑い話ではありますが、そういう人もいるのだと知っておいてほしい。ちなみに塩分を控えめにしている私は、餃子に何もつけずに食べることがあります。

まさに**食べ物ほど、個々人の嗜好が激しいものはありません。だからこそ「合意」が必要なのです。**

「焼き鳥、ほぐしますか?」「棒棒鶏、混ぜますか?」

というひと言があっていいと思います。ちなみにサラダはその後、自分が食べたいだけ食べればいいじゃないか、という流れがきて、最近だと「じゃあ、みんな各自で取りましょう」とひと言、声をかけることが「女子力が高い」とされているようです。

カップルの間でも忖度は、誤解のもと。忖度デートからの解放感を持ちましょう。

アメリカのドラマでよく見かけるのは、家庭でコーヒーを淹《い》れた場合、妻に毎回「ミルクは入れる?」と聞くシーンです。ふだん、妻がブラックで飲んでいたとしても、その日の気分でミルクを入れたい日もあるかもしれない。だからひと言、「今日はミルク入れる?」と聞くのです。

忖度せず、相手がどうしたいかをその都度聞く。それこそが、カップルの仲をよくする秘訣だと思います。

食べものには「合意」が必要です

ケース6

気長な人、気短な人

共働き夫婦の家事モンダイ

こんな共働き夫婦がいました。「あー疲れた」「あー眠い」が口癖の夫。

「洗濯物を干してくれる?」と妻が頼むと、また「あー疲れた」。

妻は「えっ、干したくないわけ!?」「何か私がしなくちゃいけないのかな?」という気持ちがわく。でも、よく観察していると、本人にどうやら干す気はあるらしい。不可解な夫の言動を見て、妻は「彼の本意は何なんだろう?」と悩みます。

2人の違いからわかること:家庭には「時差」がある

これは、ずばり夫婦間の「時差」の問題なのです。このケースでは、妻は「夫に早く家事をやってほしい」と願っている。夫も、家事をやろうという計画はできている。ただ、妻の感覚とは違う。

極端に言うと、妻は「1時間でやるべきことを15分で消化したい」と思い、夫は「1時間でやるべきことを2時間で実行したい」のです。ものすごい時差があるので、**夫の考える「ひと段落してから家事をする」というのは、妻にとっては要らぬ「ゆとり」にしか見えない**。

共同家事をしている場合、逆タイプの夫婦もいて、「食事が終わったらすぐ食器洗いを済ませたい」気短な夫と、「食器を積み上げて、まとめて後でガーッとやりたい」気長な妻。やはり**夫婦間の時差の問題**といえます。

ほかにも、結婚して半年ほどの女性によれば、夫が家でコーヒーを飲みながら「1週間前にこんなことがあって……」と話したことに、とても驚いたそうです。自分なら、「今日○○さんと会ったら、こんなことがあって……」と報告しますが、1週間前の話を今頃になって話すとは、どうもテンポが合わないと受け止めていたようでした。

朝食のとき、ある相談をして「あなたの考えを聞かせてね」と言うと、「ちょっと考えてみるね」と語るので、その晩に返事を楽しみにしていたが音沙汰なく、3日後にようやく彼の考えが返ってきた、とか。

●解決策：「すべての結婚は、国際結婚である」と考える

ともに暮らす夫婦とはいえ、もともとは全然違う人間なのです。**時差もあれば、言語も違う、そもそも文化が違う。**私が思うに、「すべての結婚は、国際結婚である」とパートナー間で捉えたほうが、うまくいくのではないでしょうか。

先日、京都出張でこんなことがありました。エスカレーターを使うとき、大阪と同じ関西圏だからと右側に立とうとしたら、なんと京都駅では左側に立つのです。関西でエスカレーターの右側に立つというルールは、どうやら大阪と一部の関西地区だけらしい。これは余談でしたが、結婚生活の食い違いも2人のすれ違いも、すべては文化の違いがあるからだと思えば納得がいきます。

4 章

セックスレス、不倫、嫉妬…
「ふたり」の溝を埋めるには？

…………

嫉妬は他の人をけなし、
非難などをするのに役立つだろう。
しかし、すべては
他の人から自由を奪い、
呪縛、拘束するための手段である。

A・アドラー著『性格の心理学』

セックスレス問題と仮面夫婦

●離婚も増えているが、実は仮面夫婦も多い

近頃は3組に1組が離婚するというデータがあります。また、仮面夫婦も多いようです。仲が冷え切って、セックスをしない夫婦は、離婚しているのと同じことだと私は考えます。

近年、夫婦間のセックスレスについて相談に来られる女性が増えています。2章の手記では、尚美さんは夫から6「ママも子育てで大変だし、男の子ができたからもういいじゃないの」と言われました。妻は子どもの「母」、子どもを産むための「機械」のように扱われ、果ては7単なる同居人、もしくは子育て担当者として、無報酬で働いて当たり前の家政婦のように思われて……。

●男にとってのセックス、女にとってのセックスのギャップ

なぜ、夫婦間で、こうも性に対しての意識が違うのでしょう？

尚美さんの夫は、「子どもを産んだら妻の役目は終わった」と思っている。しかも「自分の役目も終わった」と、子孫を残すためにセックスするのだ、としか考えていない部分もある。「後継者である男子が生まれたからそれでいい」と。

けれど、尚美さんのセックス観は違います。単に行為そのものをあらわすのではなく、もっと広い概念なのです。

しかも男性のなかには、セックスというものをまったく理解していない人もいます。実は、**ハグ（そっと抱きしめること）さえまともにできない男性も多い**のです。

私のもとへ、セックスに関連したカウンセリングに来られるご夫婦には、まずハグの練習をしてもらいます。するといきなり、体育会系のハグをする男性がいます。相撲の取り組みかのように、ものすごい勢いでパートナーに飛びついてガバッと抱きしめるのです。ちょ、ちょっと待ってください！

そういった男性には、優しいハグの仕方を教えたいところですが、私（岩井）が女性に触れるわけにはいきませんので「今度は、あなたが女性役になってみてください」と提示します。

私が男性役として、そっと旦那さんを抱きしめてみて、

「この感覚、どうですか？」

「あ！　全然違いますね」

「あなたがいつも奥さんにしているのは、こういうハグでなく、羽交《はが》い締《じ》めですよ」

と指摘します。

●セックスレスはなぜ多いのか？

アドラーの弟子であるルドルフ・ドライカースは、『人はどのように愛するのか』（前田憲一訳、一光社）で、**セックスの機能は3つある**と書いています。

①**生殖の基盤**……子孫を残すために授かった機能。
②**個人的な満足のための道具**……感覚的な快楽を求める機能。おうおうにして一方的に終わるもの。自分だけ、または他者を支配する自己満足的なセックスのこと。
③**一体化（肉体的・精神的）**……2人を密接に結びつけ、肉体的にも、精神的にも、ひとつになること。

アドラー心理学が重視するのは、3番目の「一体化」です。

これを踏まえて、セックスレスのカップルがなぜ増えているのかを考えると、それはやはり、セックスにおいて「男女の認識ギャップ」が、存在するからでしょう。

セックスには3つの領域があります。

①**マクロ領域**……照明やアロマ、BGMなど五感を刺激する領域
②**ミクロ領域**……抱擁や接触を伴う領域
③**コア領域**……性的な結合

パートナーと、自分がどの領域に満足感を求めているか、話し合ってみることをお勧めします。

男性の多くは、コア領域（性的な結合）こそがセックスだと思い込んでいます。やりたくてやりたくてしょうがない。脱がせて、支配するような、オラオラ系の荒々しいセックスがしたい。もしくは、しなければならないという使命感がある。そして、女性側もそういう行為をけっこう喜ぶはずと思い込んでいる。

しかし女性の多くは、たとえコア領域がなくても、マクロやミクロ領域だけで十分なのです。むしろ五感の満足のほうを重視している人が多いようです。

日本で流布しているアダルト・ビデオでは「女性を支配すること」を目的とするような、荒々しいセックスシーンが描写されています。あのようなパターンが特に若い世代に刷り込まれていて、**相手を支配して深い満足を与えなければならない、という勘違い**が蔓延《まんえん》しているように思われてなりません。

そのような支配はできない、したくないという男性が、セックスに自信を失ってセックスレスの一要因になっていると思うのですが、いかがでしょうか？

ギャップを抱えていない、幸せな夫婦間のセックスは、**十分な準備をして（＝マクロ領域）↓丁寧に抱擁をし（＝ミクロ領域をフォロー）↓お互いにコア領域で満足し合います。**

●いわばセックスとは、身体を使ったコミュニケーション手段である

お勧めしたいのは、セックス行為そのものではなく、**身体と身体が触れ合って、一緒に呼吸すること。**照明をちょっと変えて、アロマを焚《た》いて、おいしい紅茶を飲んで語り合うというのも、ある種、女性にとってはセックスの範囲なのですから。

3章で紹介したタクト・コミュニケーションのひとつです。相手への命令・要求はせず、ただお互いの肌を合わせて触れ合い、呼吸をするだけで十分、セックスと同じ満足感が得られます。

カップルの不和を解消するには

●なぜ「セックスが嫌い」な女性が増えているか？

女性のなかには、「セックスが嫌い」と悩む方もいらっしゃいます。どうしてなのか？　理由を詳しく聞いてみると、実は「支配されるのが嫌い」なだけかもしれない、と思いつきました。または、「取り乱してはならない」「失敗してはならない」という、自己理想が強いタイプかもしれません。

つまりセックスをして我を忘れることは、「女性としてはしたない」とか「自分を明け渡すことだ」「男性に支配されてしまっている」といった感覚を持つことによって、セックスを嫌う女性がいるのです。カウンセリング中、さりげなく「もしかして不感症ではありませんか？」と聞くと、「イエス」。きっと、自分を解放できないタイプなのでしょう。

男性に自らをゆだねきることができない女性の場合には、夫婦間のマッサージをお勧めしています。セックスは、肉体的・精神的な一体感を図るためにゆだね尽くすことですから、まずはマッサージでそれを感じてもらうのです。

●女性のからだ特有の事情を知っていますか？

カップル・カウンセリングでは、「妻の機嫌が急に悪くなる」「妻が突然、別れたいとわめきちらす」「妻のことが、ときどき理解できない」と、おっしゃる男性がいます。

「PMS」をご存じでしょうか？「月経前症候群」「月経前緊張症」とよばれ、**排卵後、月経の7日～10日くらい前から起こる、女性特有の症状**です。頭痛や眠気といった身体的な不具合を引き起こすのはもちろん、メンタル面にも作用し、情緒不安定になったり、理由もなく怒りっぽくなったりもします。

女性が急に不機嫌になったり、理由もなく怒りっぽくなったりするのは、PMSが原因である場合が多いように見受けられます。

身体的な症状例

下腹部痛、腹痛、食欲不振、首・肩のコリ、頭痛、乳房痛、便秘、胃痛、だるさ、むくみなどで「本人が苦しむ」

精神的な症状例

抑うつ、焦り、不安、攻撃性、情緒不安定、過敏症などで「本人はもちろん、周囲の人にも影響を与える」

ＰＭＳは、女性ホルモンの一種であるプロゲステロンの影響下で起こる症状ですから、本人の自覚があるわけではありません。

しかもＰＭＳは、セックスの悩みに結びつくこともおうおうにして多いので、もしパートナーにセックスを断られても、**あなたを心底、拒否しているのではなく、ホルモンがそうさせていることもある**と認識しましょう。

北米地区の結婚前のカップルのカウンセリング「プリマリタル・カウンセリング」

では、幸福な結婚のための講座を催しており、なかでもこのPMSに関する知識は、男性も女性も必須項目になっています。

男性がPMSを知ることも必要ですが、それ以上に、日ごろから女性側が、自身のPMSの症状について話しておくことも重要です。あらかじめ「生理前になると、涙もろくなる」「生理前は、やる気がなくなる」などをパートナーに伝えていれば、「最近、彼女元気がないようだ。どうしたのだろう？」ではなく、「あっ、生理前かもしれない」と気づき、2人の間に溝が生じることを避けられます。

●私が勧めている、ゆだねるトレーニング（呼吸合わせ）

セックスレスの夫婦に対して、こんなトレーニングを行ったことがあります。

まず壁に座布団やマットなどを置き、それを背もたれにして男性が壁に寄り掛かる形で座ります。そして、男性に背を向ける形で女性が座ります。男性が、女性の背後から抱きかかえる形です。そして、夫婦で呼吸を合わせる。

旦那さんは、ひたすら奥さんの呼吸に合わせてください。合ってきたら、いくらかゆっくりと呼吸するようにします。そして、完全に呼吸合わせができた状態を、5分、10分やってみてください。

終了後、だいたいの女性は**「セックスよりも呼吸を合わせるほうが心地よかった」**とおっしゃいます。妻の呼吸を知らない夫が、いかに多いかという証拠です。

●パートナーの呼び方を変えてみよう

もうひとつ、カウンセリングに来た夫婦にお勧めしている方法があります。

お互いのことを「パパ」「ママ」と呼ぶのをやめることです。

子どもにとってはもちろん、パパやママですが、妻は夫にとっての「ママ」ではありませんし、夫は「パパ」ではありません。パパ、ママと呼び合うことで、「子どものパパ（あるいはママ）という属性」になり、夫婦間に問題が生じるのです。

あるとき、夫婦仲に亀裂が走ったご夫婦に「今日から、パパ・ママという呼び方はやめてごらんなさい。交際中や結婚を意識する前は、お互いのことをどういうふうに呼んでいましたか？　それを復活させてください」と提示しました。

するとどうでしょう。最初こそ夫婦仲はぎこちなかったものの、慣れてくると恋人同士の頃を思い出し、徐々に当時の雰囲気になって、お互いを大切に思うようになったそうです。こんなにも簡単なことで、愛は盛り返すのです。

●お互いのセックス観について、言葉による合意を

もうひとつお勧めしたいのは、「せめて、これくらいはしてほしい」というお互いの願いを、言葉によって合意することです。

ある夫婦は、玄関に招き猫を置いています。招き猫が後ろを向いていたら「今日はしないでちょうだいね」、正面を向いていたら「今日はＯＫよ」という妻からのサインで、夫は帰宅時にこれを確認します。言葉で示すのは抵抗があるときは、このような**イエス・ノーのサインを夫婦間で決めておく**といいですね。

人はなぜ「不倫」をするのか？

●復讐のための婚外セックス

近年は、ダブル不倫をテーマにしたテレビドラマや映画が話題です。

かつては不倫（婚外恋愛）といえば、妻子ある男性が独身女性と……といった構図が目立ちましたが、最近は比較的、既婚女性が陥るケースも多いようです。

女性側が婚外恋愛をする理由のひとつに、**「パートナーに対する復讐」**というものがあります。先に夫が浮気をしたので、その腹いせに……というものです。

また、**自分の「女としての能力」を確かめたい**という気持ちもあるようです。結婚後に夫とのセックス回数が減ったりゼロになったりして「夫は認めてくれないけど、私にはまだ、女としての可能性がある。ほかの男で証明したい」と。

よくある夫婦ゲンカで、

「お前なんか誰も相手しない！」

「何言ってんのよ！　私のことをイイって言ってくれる人もいるのよ！」

男性も女性も、自分はこんなにすごいんだと感じたい。**他者称賛による優越感**を求めているわけです。

●女としての能力を示すため、他者称賛を求めて…

ひとえに「褒められたい」から、不倫に走る。特異な例では、ある男性は妻とはできないようなセックスを婚外パートナーとおこなっている。そして相手側の女性も、夫がしてくれないようないろんな体位を試している。お互いにスリルを求めていて、男性として、女性としての可能性も極められる。

夫婦間でできないことを、婚外パートナーとするわけです。

なぜ夫婦間では、できないのでしょう？　子どもはすでに生んでいるし、時間もない。なぜなら子どものいる時間、空間のなかでセックスはできない。不倫なら、ラブホテルに行けば、時間もあるし、装備もあるし、いろんなことを極められる。

私はセックスレスに悩むご夫婦や、どちらかが不倫をしているんじゃないかと疑わしいご夫婦には、ラブホテルへ行くことをお勧めしています。

「はっ？　結婚前は行ってましたけど、一緒に暮らしてからは行ったことがありません。だって、家でできるんですから」

「それなら、なおさらお勧めです。一度行ってみてください。独身時代と同じように、きちんとデートしてみてください。子どもは誰かに預けて、デート中は子どもの話題は出さない。その後、ラブホテルに行ってごらんなさい」

このご夫婦は、その後……。

「よかったですよ、勧めてくださって。あれから、ちょくちょく行ってます」

と感謝されました。結婚すると、**恋人時代に比べて、失ったものがたくさんある**のです。結婚したことで、ラブホテルに行かない。すてきなレストランのディナーへ出かけない。一緒に旅行も行かない。けれど、それではおかしい。**結婚しているからこそ、独身時代より充実した、2人の関係を育まなくてはいけない**のです。

●婚外パートナーは「便利な道具」？

ときどき、漁るようにいろんな人と不倫をする人がいます。特に男性に多いのですが、妻の側から、どうにかしてと懇願されてカウンセリングにやってくるわけです。不倫癖のある人の多くは、相手に対する相互尊敬、相互信頼が根本的に欠けています。妻に対しても、不倫相手の女性に対しても、「便利な道具」として見てしまうところがあるように感じます。ひとりの人間、尊厳ある存在として見ることができていないのです。

興味深い事例を紹介しましょう。ダイヤモンド・オンラインの記事（2017年7月1日）に「ホテル行ってても頬ずりだけ！　俗人には理解不能なセカンドパートナーの恋愛観」という、恋愛の常識を超えた内容が書かれていました。

『友達以上、不倫未満』（朝日新書）の著者、フリージャーナリストの秋山謙一郎氏によると、大人の既婚者同士、いわゆる「セカンドパートナー」との恋愛では、性交渉を持たないからこそ、その関係が深くなるというのです。肉体関係は持たない、くちづけもしない。けれども、ビジネスホテルには行く。別れ際に頬を合わせ、「またね」。こうして、こっそり会っているセカンドパートナーとの関係のほうが、結婚相手よりも親密らしい。

また、興味深いことに、セカンドパートナーとのプラトニックな恋愛で心が満たされたためか、配偶者とのセックスが復活したという事例も少なくないといいます。

私が実際に聞いたケースでは、子どもが生まれてから夫婦間のセックスの卒業宣言をし、代わりに配偶者の婚外セックスを黙認し合っている人も存在します。

アドラーは「2人を愛そうとすることは、事実上、どちらも愛していないということである」（『人生の意味の心理学 下』アルテ）と言い切っていますが、現代では、堂々と2人を同時進行で愛している人もいるわけです。

ケース7
言葉の背後に隠された、微妙な感情

●夫の「期間限定不倫」を知った妻

これは、私が実際にカウンセリングで扱ったケースのいくつかに少々手を加えて作ったものです。

和夫（仮名・38歳）と正子（仮名・35歳）は、結婚して10年、共働き。正子の言葉を借りれば、「結婚後、今が一番充実した関係」でした。子どもを産む予定も捨ててはいませんでしたが、気になるのは、夫婦の間がまるで友達か兄妹のような関係になって、セックスの回数が年に数えるほどになっていたことです。

そんな夫婦に突然、危機が訪れました。和夫がお風呂に入っているすきに、正子が和夫の携帯のメールを読んだら、ある女性からの「昨晩はとても激しかったわ」というような文面に出くわしたのです。

正子が和夫を問いつめると、あっさりと2人の関係を認めました。そして最後に「昨日で終わった関係だ」と付け加えました。正夫の説明は次のとおり。

和夫は、職場の派遣社員、理恵から「自分のフィアンセが日本を留守にしている間、2カ月だけ恋人になって欲しい」と誘惑された。超美人の理恵から言い寄られた和夫は、狐につままれたようだった。お酒の勢いもあってか、「今、ここで返事して欲しい」とせがまれ、即答し、2人はその晩ベッドを共にした。以降、ほぼ週1の頻度で関係した。そして今日、フィアンセが帰国する。昨日は激しく燃え上がり、あらかじめ合意したとおり、その日を最後に、関係を清算するつもりだった。

話を聞いた正子は激高し、外へ駆け出して、結婚指輪をドブ川に放り投げました。

●2人の違いからわかること：結婚しても、女として認められたい

その日を境に、最小限の会話しかしなくなった夫婦。離婚を考えて、私のもとへ2人で相談に来ました。

カウンセリングに来たということは、夫婦は「関係清算よりは結婚生活の持続を望んでいる」と見ることができます。ただし、正子は①「結婚指輪を買い直すこと」、②「夫の5万円の小遣いから毎月1万円ずつ2年間妻に支払うこと」、③「夫の不倫相手とそのフィアンセを謝罪に来させること」の3条件を出して、なかなか引かないのです。夫は①②にはすぐ同意しましたが、③には難色を示しました。

そこで、離婚の条件について話し合ったのですが、肝心の正子がなかなか乗ってきません。それでいて、「私の気が治まらない」とよく口にするのです。私は尋ねました。

「あなたの『気持ち』というのをもう少し具体的に教えていただけますか？」

「私の気持ちは、夫ばかりいい思いをしているのが許せません。私には淡泊を装って、あの女とは会うたびに関係を持っていたんです。こんなこと、許せますか？　私を女だと見てくれていなかったのです。しかも『終わったこと』で片づけようとするのです。私のなかでは終わっていませんし、事実は消えません。それに、約束したことを履行しようともしません。誠意がなさすぎます」

つまり、正子の本心は、**「自分を女として扱い、きちんと夫婦関係を持ってほしい。誠意を込めて謝罪してほしい。そして、補償をきちんとしてほしい」**。こういうことだったのです。

言葉の背後に、微妙な感情や特有の意図が隠されていました。

●解決策：何かしら修復のきっかけを探す

以来、2人の夫婦関係はというと、以前よりも高頻度で関係を持つようになったそうです。

夫婦揃ってカウンセリングにやって来るのは、修復の脈があるということ。もし本当にこの2人が離婚を望んでいたら、2人一緒に、カウンセリングに足を運ぶでしょうか？「顔を見るのもイヤ」「同じ空間で同じ空気を吸いたくない」、きっとそう思うはずです。しかし、2人はやって来た。それは**お互いに〝何かしらのきっかけ〟があれば、関係を「修復したい」と思っていた**からです。

ケース8

女だって主導権をとりたい

●何年経っても消えていなかった、妻のわだかまり

復讐といえば、もうひとつ興味深いケースがあります。

内科医の進（仮名）と看護師のみどり（仮名）との結婚は、進の父親から反対されていました。交際中、進がみどりを両親に紹介しようとしたことがありましたが、父親は「嫁としてふさわしくない」という一言だけを残して会おうともしませんでした。進たちの周囲では、結婚相手として「女医＞薬剤師＞看護師」という序列があったようなのです（2章の手記で出てきた、尚美さんの義父も似ていて、5「何だ、看護師さんか」というセリフに表れていますね）。

進とみどりは、進の父親がガンでこの世を去ってから半年後に入籍しました。結婚式を行わず、ハネムーンとして2人だけで1泊2日の国内旅行をしました。進の母親と妹にも、みどりを引き合わせることはなく、電話で事後報告のカタチを取りました。進の父親の遺骨は、海の見える墓苑に埋葬されました。死後、丸2年になります。進とみどりは子どもたちを連れて三回忌の法要に呼ばれることになりました。

進の親族に紹介され、お清めの席を共にするみどり。進にしてみれば、みどりが笑顔で対応していたことが印象に残り、「これで晴れてみどりを家族の一員にできた」という安堵感がありました。

問題は、帰りの電車に乗るときに発生します。みどりは、進の家族に近い席に座るのを拒否し、別の車両に子どもたちと一緒に乗りました。しかも、こう言ったのです。

「あなた、私のことを大切に思うならば、あの家族と縁を切って。私は、もう二度とあの人たちと会いたくないの。子どもも会わせたくないの」

2人の違いからわかること：劣等感の置き換えとしての復讐

このケースは、私のいくつかのカウンセリングのケースをもとに創作したもので、さまざまな見解があります。

①拒絶されていたみどりの気持ちを察するべきだという、みどりの擁護論。
②今さら実家との縁を切らせるみどりは、どうかしている、という進の擁護論。
③みどりの気持ちは理解できるが、進や子どもたちまで実家と縁を切らせるとしたら、それは度が過ぎている、という中立的立場。

私の見解は（私が男性であるからかもしれませんが）、②と③のどちらかです。みどりの支配性には、大きな疑問符がつきます。

きっとみどりは虎視眈々《こしたんたん》と、わが世の春を待っていたのでしょう。そしてここ一番で、自分らしさを発揮した。主導権を握り、子どもという人質もいますから、夫を思いどおりに動かすこともできる。自分がリーダーになって「子どもに会いたいならば、前非《ぜんぴ》を悔いて謝りにいらっしゃい」と言いたいくらいの気持ちになります。

みどりの場合は、夫に復讐するのではなくて、**夫の父親やその家族に復讐した**わけです。

結婚初期は、妻の立場は弱いですが、子どもを持ち、母親になり、夫を操縦して天下を取った。両親の健在中はそれが顕著には出ませんが、片方が亡くなったりすると、妻の相対的な地位は上がっていくものです。

つまり、みどりのセリフは**「劣等感を復讐に置き換えたもの」**なのです。

結婚を反対され続け、進の実家から疎まれてきたみどりは、心のなかでリベンジしたいという思いを募らせていた。そしてその機会がやってきた。親とは同一行動をとらず、さらには絶縁したりして、支配されない自分の王国をつくりたい。そういうみどりの心が読み取れます。

●解決策：復讐には加担しない

せめて、進と子どもたちが進の実家に行くことをみどりが「お目こぼし」的に認めるのであれば、私の許容範囲内にありますが、一切の例外を認めず、縁を切ることをみどりが主張して譲らないのなら、私は進にみどりとの離婚を勧めます。

その理由は、2点。進に実家との縁を切らせようとするみどりの行動の目標は復讐であり、これに加担することは建設的でない。

このように、自分ひとりだけの感情で、進と子どもたちとを含めて進の実家との関係を絶たせるみどりの対応は、とても支配的・専制的なやり方でもあります。

ここでもし、進がみどりの意のままに実家との縁を切ったとすると、このような要求はきっと、2人の結婚生活の中で頻発することでしょう。

家は本来、**「信頼・親密・水入らずの共同体」の単位**として捉えられます。この単位である家庭を、復讐を伴った感情で分断するやり方は、いかがなものでしょうか？

そもそも、それぞれの家庭から生まれ育った2人のカップルから成立した結婚は、夫婦2人だけの営みだけでなく、脈々と先祖からの伝承を含む家と家の結合でもあるのです。

かわいい嫉妬、厄介な嫉妬

●軽い独占欲は、愛情のある証拠

へんな話、嫉妬くらいしたほうが健全なのかもしれません。「あの人は浮気するような人だから、それでいいわ」という放任主義だと、一見安定しているように見えて冷めきっています。ただし、独占欲や束縛心が過剰になると、これは困りもの。

ときどき、「不安で人を操作する」タイプの人がいて、ある女性は夫を絶対に飛行機に乗せたがりませんでした。海外出張の予定があったのですが「飛行機は大惨事がいくつもあるから、乗らないでほしい」と訴えるのです。車でも電車でも、運が悪ければ事故に遭うものですが、飛行機だけを禁止します。

彼女の「飛行機に乗らないで」というメッセージを深く読み解いてみると、

表：「あなたに危険な目に遭ってほしくない」

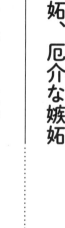

裏：「私のそばにいて。いつも一緒にいてほしい」

つまり、束縛心と不安から発した声だったのです。パートナー側が、こうした気持ちを上手に和らげる方法は、相手の気持ちを汲み、察すること。コミュニケーション技法の1つである**「感情反映法」**（6章で詳しく解説）が役立ちます。

●第三者の妬みは、なんとも厄介

世のなかには人の幸せを妬む人がいて、これは厄介です。

2章で紹介した尚美さんの手記に、**8 ある患者からの夫と事業家夫人の関係がおかしいとの密告**がありました。実は、この密告者は、幸せそうな院長夫人（＝尚美さん）を**妬みの対象**としてみていたのです。だから競争原理が働いて告げ口をした。まさに「人の不幸は蜜の味」で、人の幸せを壊して「ざまあみろ」と喜んでいます。

この**密告という動向の原因も「劣等感」にあります**。劣等感を感じる対象が滅びたとき、密告者は相対的な勝者になるのです。

私が見出した「愛」の定義

さまざまな形の愛がある

アドラーが健在だった時代の理想の夫婦像は、協力し合い、お互いを高め合い……といったものでした。ですが、この章で見てきたように、最近はどうもそれが馴染まない関係も増えてきたようです。

さまざまな形の「愛」を眺めるうちに、私はこんな「愛の定義」を見出しました。

広義の「愛」

愛とは、感情の高まりでなく、
よりよい人間関係の副産物である

広義では、恋人・夫婦といったカップルにとどまらず、親子の愛や人間関係全般の愛を範囲とします。これは、対人関係を重視するアドラー心理学の立場からの定義です。

以前にもルドルフ・ドライカースの“Love is not an emotion. Love is a relationship.”にヒントを得たものとしてこの愛の定義をお伝えしましたが、ライフタスクとしての交友のタスク、愛のタスクで円満な関係を維持するには、一時的な感情の高まりでなく、**信頼感をベースにした人間関係があってこそ、揺るぎのない愛が確立・持続**します。

狭義の「愛」

愛とは、パートナーの2人が愛と定義するものである

狭義では、カップルに限定した愛の定義です。

ドライカースは『人はどのように愛するのか』（前田憲一訳、一光社）で「愛とは、その人が愛と呼んでいるもの」と書いていますが、愛を広義に「よりよい人間関係の副産物」と捉えるならば、**カップルにとっての愛は、あくまでカップルを構成する2人の関係で合意されるもの**でなければなりません。

カップルの2人によって定義された愛が、2人が仕事・交友・愛のタスクに取り組む際に問われます。法に背いたり、共同体に対して破壊的であったりしない限りは、2人が定義した愛の関係は、他者にとって侵すことのできない領域なのです。

卑近なところでは、先述した**食べ物の話**や**子どものお受験**から始まり、**お互いの友達関係、セックスのあり方**に至るまで、2人の合意のもとに進めるべきものだと思うのです。

この定義でいえば、セカンドパートナーとの恋愛も、配偶者の婚外恋愛を認め合う夫婦も、客観的に見たら不可解な関係ではありますが、それぞれのカップルにとって「愛」なのだと容認できるように思いますが、いかがでしょうか。

5章

ある夫婦の亀裂と修復

…………

率直に信頼し合う雰囲気があれば、
最も対立している問題も解決できる。
夫が合意するだろうと信じていない妻、
あるいは自分の理想を夫に
理解させられないと信じている妻は、
喧嘩と失望の準備をしているだけなのだ。

R・ドライカース著『人はどのように愛するのか』

ケース9

ある男性の手記から読み解けること

妻の真意に気づいた夫は…

ここで、ある男性の長い手記を紹介します。

よくある夫婦のケースをもとに、私が創作したものですが、内科・心療内科のクリニックを自身で営んでいる40代の男性。約1年前に離婚し、いろいろと心に思うことがあり、カウンセラーのもとを訪ねた。この手記は、カウンセリングや何度かのセッションを経たある日に書いたもの……という設定です。

＊＊＊

子ども時代の影響とほかの要因

酒井です。妻と離婚して8カ月になります。最近、あるルートで「元看護師」と称する元妻の手記を読み、次の3点について印象が残りました。

1. 彼女の子ども時代に形成された信念がずっと尾を引いていたこと
2. クリニック開業の頃から破綻の兆しがあったこと
3. 私たちが協力し合う夫婦関係が確立できていなかったこと

これらについて私の体験したことを加え、手記を書くことにしました。

まず、彼女の子ども時代のことは、恋愛中に聞かされていたことですが、ここまで尾を引いていたとは思いませんでした。私と結婚してからは、過去を切り捨て、幸せな生活をまっとうしてくれるものだと思っていたからです。

結婚当初は、医師と看護師のパートナーシップが生かされ、それぞれに違いを認め合いながらも尊敬・信頼し合える関係にありました。

それでも、「男は汚い」「男は狼」「男はずるい」「男は信用ならない」という男性像から逃れられないでいたこと、さらには、「私はダメな人間だ」と自己評価が根深かったことが、結婚生活の危機の場面で、浮かび上がっていたのですね。

第二に、振り返ってみると、私が開業した頃から、私たちのほころびが生じ始めていたようです。彼女は看護師として、私のクリニックを手助けすることを望んでいました。しかし、「子育てを中心にしてほしいがゆえに、軽微な事務作業だけを担当してもらった」結果が、どうやら裏目に出たようです。

そして私が経営の早期安定を志向し、家庭を顧みなかったことが、ほころびに拍車をかけてしまったのだと思います。

第三に、②とも関係することですが、開業以降、家庭でもクリニックでも、私たちの協力の関係は希薄になりました。それ以前は、家でも共同育児に近いかたちで子育てに関わり、コミュニケーションも活発でした。しかし、開業後は、家のことは彼女、クリニックの責任は私、というようにそれぞれが自分の城を守るような関係になってしまいました。

夫婦間の大切なコミュニケーションであるセックスにも、すれ違いが生じました。彼女に「男の子ができたから、もういいじゃないの」と、私が言ったことは事実です。セックスを避けていたわけではありませんが、忙しかったり疲れていたりしたことが重なり、いつしか彼女は子どもの母親、私はクリニックの院長といった、役割を担うようになってしまいました。

彼女との協力関係は薄れ、やがて彼女の疑惑から生じる嫉妬の念が浮かび、そのことを巡っての夫婦での話し合いも行われぬまま、破局への道を進んでいったのです。

ただ離婚調停中に「夫があの母親に育てさせたくない」と私が思い、息子の親権を得たことは、事実に反します。彼女が「もう何もかもいらない。私をひとりにさせて」

と半狂乱で言ったので、近所に住む両親に栄一（息子）を託すことになったのです。私は彼女の手記を読み、半狂乱にあったことと、あまりにも冷静に書き連ねている、その感情の落差に、驚いてもいます。

ついでに、私の名誉にかけて伝えておきたいことがあります。私と事業家夫人との間には、妻が疑っていたような事実は一切ありません。奥様の治療やカウンセリングを行っていたり、コンサートに同行し、その後に食事をしたことはありますが、ただそれだけのこと。いまだに事業家夫妻には離婚原因を明らかにしていませんが、もしそのことを話したとしたら、きっと一笑に付されることでしょう。

子どもの小児喘息が語るもの

離婚後、私の両親と住むことになった栄一は、環境にすぐ順応したかのように見えました。週に一度会いますが、彼はいっさい母親（＝尚美）のことは口に出しませんし、また新しい学校にも適応しているように見えました。

しかし、２カ月ほどしたある日、私の母親から「栄一が夜にせき込んで辛そうだ」、と連絡が入りました。私が診ると、明らかに喘息の症状でした。

私は、内科医であると共に心療内科医です。さらには、勤務医時代にアドラー心理学の基礎を学んでいました。その経験から、栄一は「喘息の症状によって何がしかのメッセージを発している」と捉えました。

アドラーの初期の理論には、身体症状を通じて体・器官から表現するメッセージがあり、それを**「器官隠語（organ jargon）」**と呼んでいます。心理的な原因から身体的な症状が出る、いわゆる心身症です。喘息、アトピー、帯状疱疹《ほうしん》、円形脱毛症など。しだとすると、栄一の喘息は気質的なものではなく、心理的なものと理解できる。しかも栄一が喘息でせき込んだ際、私の母が背中をさすりながら「もしかして、ママに会いたいの？」と何気なく聞いたところ、栄一は涙をこらえながらうなずいたそうです。

私にとって、妻を失った喪失感はそれほどありませんでしたが、栄一にとっての母親は、何ものにも代えがたい存在だったのです。

人間関係プログラムでの気づき

私は、救いを求めるように、かつて手にしたアドラーの本を読み始めました。その一節、**「結婚は、互いの幸福、子どもたちの幸福、社会の幸福のための2人のパートナーシップであるべきである」**（『人生の意味の心理学 上』）に出会い、雷に打たれたような戦慄《せんりつ》が、身体中に走りました。

私は結婚後の安定した地位に甘んじてしまい、途中から2人のパートナーシップを忘れ、互いの幸福、子どもを交えた家族の幸福をどこかに置き去りにし、クリニックを最優先に考えていたのです。

私は、かつて教えを乞うたアドラー心理学の先生のもとを訪ね、やがて夫婦・家族を対象とした人間関係プログラムを受講しました。

そこでは、相互尊敬・相互信頼にもとづき、共通の目標のために協力し合える関係❶が学べました。

それは、相手の言ったことをそのまま繰り返す方法❷、ある感情の背後にある思いや別の感情を探り当てる方法❸など、コミュニケーションの基本中の基本を演習するものです。

演習中、私は相手の言っていることを要領よくまとめ、解釈・助言を加えることに徹していました。しかし相手役の方から「違う、違う」と言われ、ショックを受けたことがあります。どうやら私は、相手の言っていることを、理屈だけで自分中心に受け止めてしまい、背後にある大事なことを理解せず、抜け落としてしまっていたようでした。

そんな演習を受けるにつれ、妻が「私をひとりにして。どうか離婚して」と言ったのは、離婚のための手続きを進めることを望んだのではなく、「しばらく冷静になれる時間を設けたい」「私たちの結婚のあり方を見直したい」という、メッセージだったのかもしれないと気づいたのです。

人間関係プログラム受講中に、講師が語ったひと言が印象に残っています。

「結婚するのは愛のタスク、離婚するのは仕事のタスク、離婚後は交友のタスク」

私は、結婚・離婚を体験しましたが、その後のことを、どうしたらいいのか、わからないまま、途方に暮れていました。

しかし講師が語った「離婚後は交友のタスク」という一節が、私にひらめきをもたらしてくれました。その結果、栄一の喘息もあり、私は栄一を妻に会わせることを思い至ったのです。

3人の団らん

私は、アドラー心理学の先生の個人カウンセリングを受け、尚美の心に気がつきました。尚美が持つ「男は汚い」「男は狼」、「男はずるい」「男は信用ならない」という信念（世界像）、「私は所詮ダメな人間なのだ」という自己概念を子どもの頃に培《つちか》い、それがその後も彼女の底流にあるライフスタイルともろに激突し、だから彼女は身を引くことを選んだのです。

どうやら離婚理由は、彼女の嫉妬ではなく、私が尚美をきちんと理解しきれず、彼女との関係を調整できていなかった自分に非があることを洞察できました。

そもそも私は、尚美を便利な存在として扱い、かけがえのないパートナーとしてみていなかったのです。

私は、離婚から3カ月後、栄一を尚美に会わせました。

栄一は、3カ月の空白を埋めるかのように、とても快活に、学校のこと、祖父母との生活ぶりを話していました。

私の観察では、私が演習でしくじった、**相手の言ったことをそのまま繰り返す方法、**

ある感情の背後にある思いや別の感情を探り当てる方法など、コミュニケーションの基本をすんなりと自然に習得している尚美を発見しました。

栄一が「ママはどうしているの？」と尋ねたとき、尚美は「毎日、毎日、栄ちゃんとパパが幸せに暮らせるよう、お祈りしているんだよ」と答えました。

このやりとりを見ていて、私はトイレに駆け込み、過去に経験したことのないくらいの嗚咽《おえつ》をもらしました。この3カ月の間、私の頭にあったのは、離婚によるクリニックへの影響を回避すること、栄一の喘息のことなどで、正直、尚美のことはほとんど考えていなかったのです。

それからしばらくして、不思議なことが起きました。栄一の喘息が消えたのです。

私は、彼にとって母親を失ったことがいかにストレスであり、こうして母親に会えることが癒しになっているかに気づかされました。

個人カウンセリング、そしてカップル・カウンセリング

私は、尚美に月に一度くらいの頻度で栄一と会ってくれるように依頼しました。半分くらいは私が同席し、その半分は母子の2人きりでした。

さらに私は、自分自身のライフスタイルを見直すために、カウンセリングに通い続けました。ある日カウンセラーは、少々いたずらっぽい目で私にこう言いました。

「お互い、栄一君の親として、今後の交友のタスクを円滑にするために尚美さんも一緒に、カウンセリングをしてみませんか？」

このセッションは、大変有益でした。それぞれのライフスタイルをお互いに明らかにした上で、「何が問題だったか？」の原因探しをしたのではなく**「今後にできること」**について話し合ったものでした。

別のカップル・カウンセリングのセッションでは、**お互いの長所を伝え合い、最後に感謝をして終わる**ものでした。

その3分間のセッションのうちに尚美は、私の長所を「思いやりがある、何でも知っている、研究熱心、向上心がある、家族思い、親を大切にする、決断力がある、洞察力がある、集中力がある、バランス感覚がある、人を勇気づける」など15項目も書いてくれました。

私はと言えば「地頭がいい、やさしい、料理が上手、共感力がある、忍耐力が強い、とことんやりきる、支え上手」と、彼女の半分しか書けませんでした。

セッションの最後には、お互いにこれまでのことと今日のセッションで感じている感謝を紙に書いて伝え合うという「感謝交換法」4を行いました。

これは互いに「3つの感謝」を相手に伝えるという方法ですが、お互いが心を込めて伝え合うことで、心のなかに染み通る感覚がありました。

この日は、2人での最後のセッション。それまでは、カウンセラーは少々時間を置いて2人を帰していたのに、この日に限って「今から2時間ほど2人だけで過ごす時間を持ちましょう」と提案。私たちは、JR飯田橋駅近くのカフェでお茶を飲むことにしました。ここは思い出の場所です。結婚前の恋人同士だったころ、ワインを飲みながらイタリア料理を食べたり、ボートに乗ったりして、美しい時を過ごした場所でした。

「ただし」と、カウンセラーは2つのことを条件に出しました。栄一のことは話題にしないこと。離婚の原因に関することには触れないでおくこと。5

カフェでこの条件を忠実に守った2人はワインを飲みながら、まるで恋人時代に戻ったかのように時間を忘れておしゃべりをしました。

心を込めたラブレター

最後のセッションは、私ひとりで受けました。

カウンセラーから、人間関係プログラムで教わった手紙の書き方を復習するよう提案され、そこで結婚から離婚まで、そして離婚後の生活を振り返りました。

私はカウンセリングを通じて、さまざまな場面で、自分の至らなかった点に気がつきました。尚美が、いかにかけがえのない人であるかを再認識しました。

そして尚美に、独身時代でさえ書いたことのない、心を込めたラブレター6を綴ったのです。

いかがでしたか？

この男性の手記を読まれて、何を感じましたか？

もうお気づきでしょう。酒井医師のパートナーは、2章で紹介した手記の主人公、尚美さんです。男の立場と女の立場では、同じできごとでも見方が全然違いましたね。

このように、**言葉や身体のコミュニケーション不足が原因で夫婦が不和になり離婚に至ってしまうケース**は本当に多いものです。

酒井医師が最初は「妻」「彼女」と呼んでいたのに、途中から「尚美」と固有名詞に変わったのも印象的です。心情的な変化が表れています。

それでは次章で、酒井医師と尚美さん夫婦の体験をもとにしながら、私なりに考えた「良好なパートナーシップを続ける極意」を詳しく説明します。

6
章

岩井流・良好なパートナーシップを続ける極意

…………

愛と結婚は
人間の協力にとって本質的である。
その協力は２人の幸福のための
協力であるだけでなく、
人類の幸福のための協力でもある。

A・アドラー著『人生の意味の心理学 下』

なによりも相互尊敬・相互信頼がベースです

●よりよいカップルになるための関係構築法

左ページの図は、アドラー心理学をベースにしながら私が考案した「よりよいカップルになるための関係構築法」です。

まず、なによりベースになるのは**「相互尊敬・相互信頼」を確立**することです。

「尊敬（リスペクト）」とは、人それぞれに年齢・性別・職業・役割・趣味などの違いはあっても、人間の尊厳には違いがないことを受け入れ、礼節をもって接する「態度」のこと。

「信頼」とは、相手の属性（地位・収入・学歴・経験など）にかかわらず、無条件に信じること。いつも相手の行動の背後にある「善意」を見つけようとし、根拠を求めないことです。

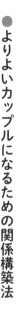

よりよいカップル関係構築法

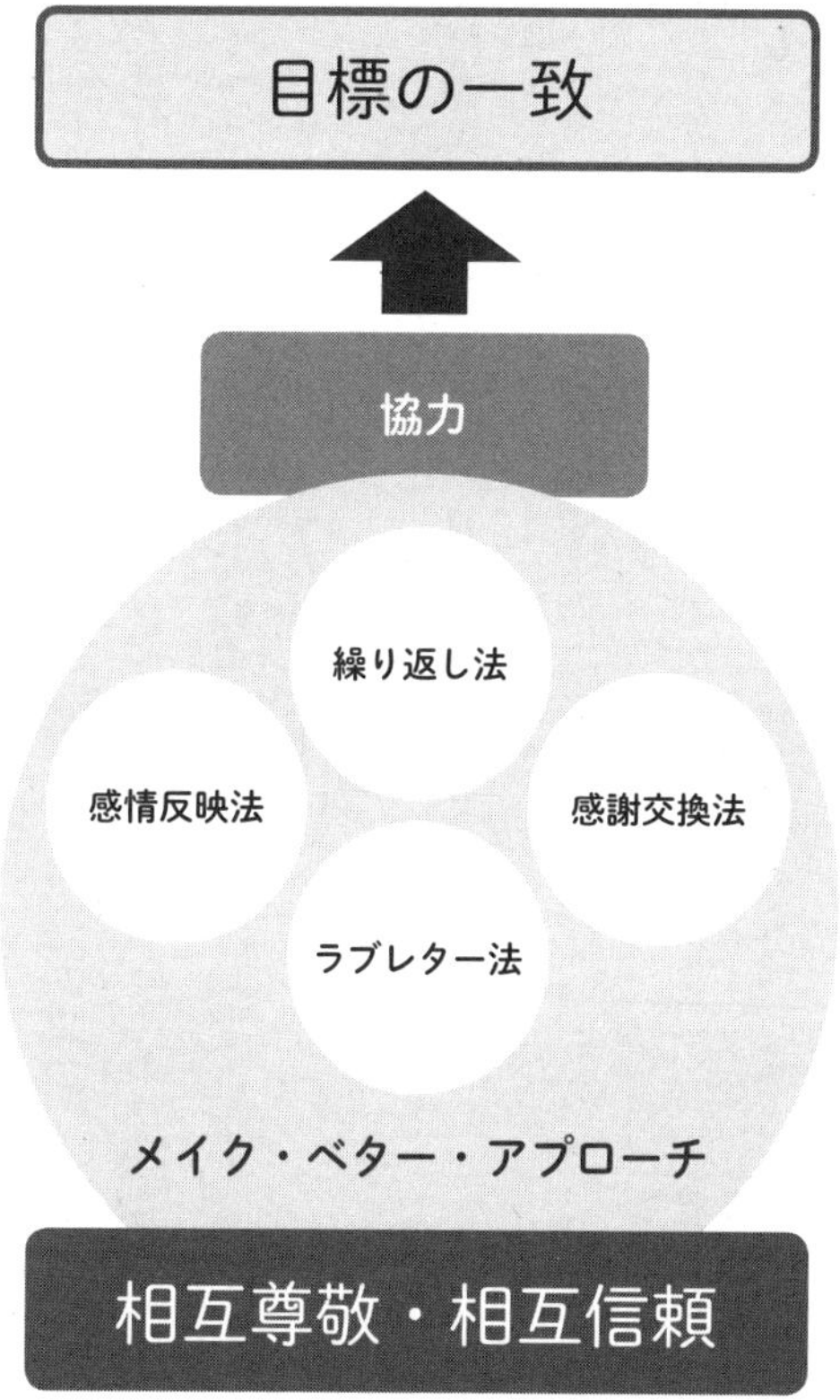

「相互」というのがポイントで、一方的であっては成り立ちません。お互いに尊敬し合い、信頼し合うことが重要になります。カップル間の平等をどんな心理学よりも大切にする、アドラー心理学ならではの定義です。

5章の手記内に登場した人間関係プログラムでも、酒井医師は**1**相互尊敬・相互信頼にもとづき、共通の目標のために協力し合える関係を学んでいます。

そしてアドラー心理学では、こうも説きます。

自身が先に、自身がより多く、尊敬・信頼することから、相互尊敬・相互信頼が成り立つ。

複雑な人間関係が存在する現代社会では、ちょっと難しいことかもしれません。それでも、パートナーと良好な関係を持続したいのなら、まずは「相互尊敬・相互信頼」の確立に努めてみませんか?

極意1

メイク・ベター・アプローチ

●課題にぶつかったら、目的論にもとづく「更新」を

私は常日頃から、**カップルには日々、「更新」が大切であると**説いています。

日々の結婚生活で「夫であること」「妻であること」を更新する。

さらには、年ごとの更新、イベントごとの更新。

運転免許にも、更新期間がありますよね。それと同じように、愛し合うことというのは、必ず更新を伴わなければいけないと思うのです。

課題にぶつかったカップルには、**「お互いの関係をよりよくするために、できることは何か？」**という発想をもつことをお勧めしています。アドラー心理学で重視している「目的論」にもとづく、メイク・ベター・アプローチです。

5章の手記内で、酒井医師が尚美さんとデートに出かけるとき、カウンセラーから

釘をさされた5栄一のことは話題にしないこと。離婚の原因に関することには触れないでおくことは、まさに目的論にもとづくアドバイスでした。

メイク・ベター・アプローチを用いると、未来に向かってお互いにできることが明確になり、モチベーションが高まります。「誰が、何が悪いか」でなく、「現状をよりよくするには、どうすればいいか」という発想になるからです。

メイク・ベター・アプローチでは、「繰り返し法」「感情反映法」「ラブレター法」「感謝交換法」の4つを駆使します。

これが私の提唱する、良好なパートナーシップを続ける極意の1です。

繰り返し法

相手の言葉をリピートするもの。相手の言葉を補足でき、明確化することができます。3章に登場したものや、5章の手記内に出てきた2相手の言ったことをそのまま繰り返す方法も一例です。

感情反映法

相手が口に出した言葉をそのまま捉えるのではなく、**その言葉の裏にある「寂しい」「ひとりにしないでほしい」といった感情を汲み取り、かつ、言葉にすること。**

裏を読むといっても、やましい意味ではありません。

たとえば、夫の帰りが遅いとき、妻が「私は腹が立っている」とか「あなた、いつも帰りが遅いのね」と責めたてたとします。その怒りの背後には、「寂しい」といった感情や、「実は帰りが遅いから、どこかで危険な目に遭ってるんじゃないかって心配しているの」といった気遣いがあるかもしれない。**もし感情をぶつけられたら「僕がいなくて寂しかったの?」と聞いてみる**ことです。

ときどき、言葉にすることが苦手で、感情が高ぶると言葉より先に涙が出てしまう人がいます。泣く行為の裏側には「察してほしい」という意図があります。相手が「どうしたの? こういうこと?」とどんなに気持ちを探ろうとしても「違うの。どうしてわかってくれないの」と余計に泣く。これは始末が悪いです。

涙には「ウォーターパワー」といって、相手を操作する力があるのです。

ただ泣く一方で相手に説明しないのは、お互いのためになりませんから、卒業したほうがいい。「あなたにはがっかりしてるの」「私のことを軽く見られて憤慨しているの」などと、**せめてヒントを与えてあげる**ようにしましょう。これも訓練なのです。

ほかに、5章の手記内に出てきた 3 ある感情の背後にある思いや別の感情を探り当てる方法も一例です。

ラブレター法

心を込めたラブレターを書くこと。まさに5章で酒井医師が実践した 6 心を込めたラブレター を書く方法です。

相手に渡すタイミングは、結婚記念日でもいいし、誕生日でもかまいません。毎年じゃなくてもいいですよ。ラブレターをもらった相手は、何度も何度も読みますから。読むたびに、感動がよみがえります。

感謝交換法

日々お互いに感謝すること、そして感謝の気持ちを言葉にして伝え合うこと。

5章に登場した **4 お互いにこれまでのことと今日のセッションで感じている感謝を紙に書いて伝え合うという「感謝交換法」**が一例です。

今まで「ありがとう」と言ってこなかった人は、最初は違和感があるかもしれませんが、「余計なこと言わないでちょうだい」なんて言う人はいませんから、まずはやってみることです。やり続けるうちに、日常になじんでいきます。

できるところからでかまいませんので、これらのメイク・ベター・アプローチの方法を習得し、実践していけば、良好なパートナーシップを築けることでしょう。

極意2

「共感力」を高める

●共感と同情は、別モノです

酒井医師は、自身のクリニックを開業して軌道に乗せることだけを考えていた頃、まさに共感力が色あせていました。

3章でも書きましたが、アドラーは、**共感について「他者の目で見、他者の耳で聞き、他者の心で感じること」とし、共同体感覚と切り離せないもの**と捉えていました。

よく**「共感」**と**「同情」**を、同じものとして勘違いする方がいらっしゃるようですが、アドラー心理学では、対人関係上のそれぞれの影響について、詳しく区分しています。それを表したのが、左記の表です。

相手や状況に対して「共感レベル」であれば、問題はありませんが、それが「同情レベル」の領域に入ってしまうと、時として危険であったり、好ましくなかったりするような作用をもたらします。

たとえば、相手を見下してしまったり、支配しようとしてしまったり。5章の手記で、自身も顧みていましたが、酒井医師の結婚生活が、まさにそれでした。3章で出てきた殺人事件の加害者の夫も、共感性に欠けていました。

共感力は、トレーニングを積むことで、磨くことができるのです。

アドラー心理学では、**その人特有のものの見方・価値観を「私的論理」**と呼んでいます。この私的論理は一人ひとり違っています。この私的論理の違いを認め合いながら、他者の私的論理と場の状況を理解・尊重しつつ、他

共感と同情の違い

	共感	同情
ベース	尊敬・信頼	支配性
関心	相手	自分
感情	信頼から始まり、コントロールできる	憐《あわれ》みから始まり、コントロール不能になりがち

者との間に了解可能な**「共通感覚」**へと導いていくことが大切で、そのための架け橋となるのが「他者の目で見、他者の耳で聞き、他者の心で感じる」共感です。

私たちの共感のトレーニングの場は、私たちの周囲の至るところにあります。

たとえば映画を鑑賞すること、テレビドラマを観ること、小説を読むことなどによって、**自分が〝あたかも登場人物のように〟思い込むよう、感情移入する**ことで訓練できます。

また、研修やカウンセリングを受けて、あるいは対話の機会を通じて、他者と意見交換しながら、**自分と他者との私的論理の違いを大切にする**ことでも磨けます。その意味では、他者からも学び、共に練磨し合う**「共育」**によってこそ共感力は高められます。共感のトレーニングの場は、私たちの周囲の至るところにあるのです。

まず、自分に共感力があるかないかを知ること。

もしなければ、共感力を養うトレーニングをすること。

これが私の提唱する、良好なパートナーシップを続ける極意の2です。

極意3

ミステリーゾーンがあってこそ、うまくいく

●夫婦の成長とは「理解し合うこと」

一度は離婚した酒井医師と尚美さんですが、私の思うところ、2人は復縁すると信じています。

当初はお互いに相手を理解せず、自分本位で生きていました。特に夫の酒井医師はそうでした。**夫婦が協力し合うということは、相手を理解し、自分を理解し、違いを認めつつ、共通のゴールに向かって進むこと。**それができなければ円満な夫婦にはなれません。

しかし、酒井医師は変わりました。

実際のカウンセリングでも、夫婦仲が円満になった後、「結局、離婚した」、または

「パートナーと別れた」というケースはほとんど聞きません。

ただし、まれに離婚するケースもあります。

それは、夫か妻かどちらか片方だけが成長してしまった家庭です。相手のことが、ものすごく心貧しく見えてしまい、嫌気がさしてしまうのです。

●「侵さない部分」があって、当たり前

夫婦の成長とは、「理解し合うこと」なので、**同じ分野で成長する必要はありません。**

理想の夫婦は、共通点が「30%」程度で、残りの70%はミステリーゾーンです。なにも100%等しくなる必要はないのです。息苦しくなりますからね。

夫婦の間にミステリーゾーンがあっていい。「わからないこと」「侵さない部分」があって、当たり前。大事なのは、向き合って、違う部分が70%くらいあるのだということを理解することです。

共通点がゼロで、まったく噛《か》み合わないのも困りますが、噛み合う部分は30％、多くても50％くらいでいいと思います。

いろいろなところで、向き合い、「ああ、これは違うんだね」と、噛み合わない部分があることを認識する。

これが私の提唱する、良好なパートナーシップを続ける極意の3です。

共通点とミステリーゾーン

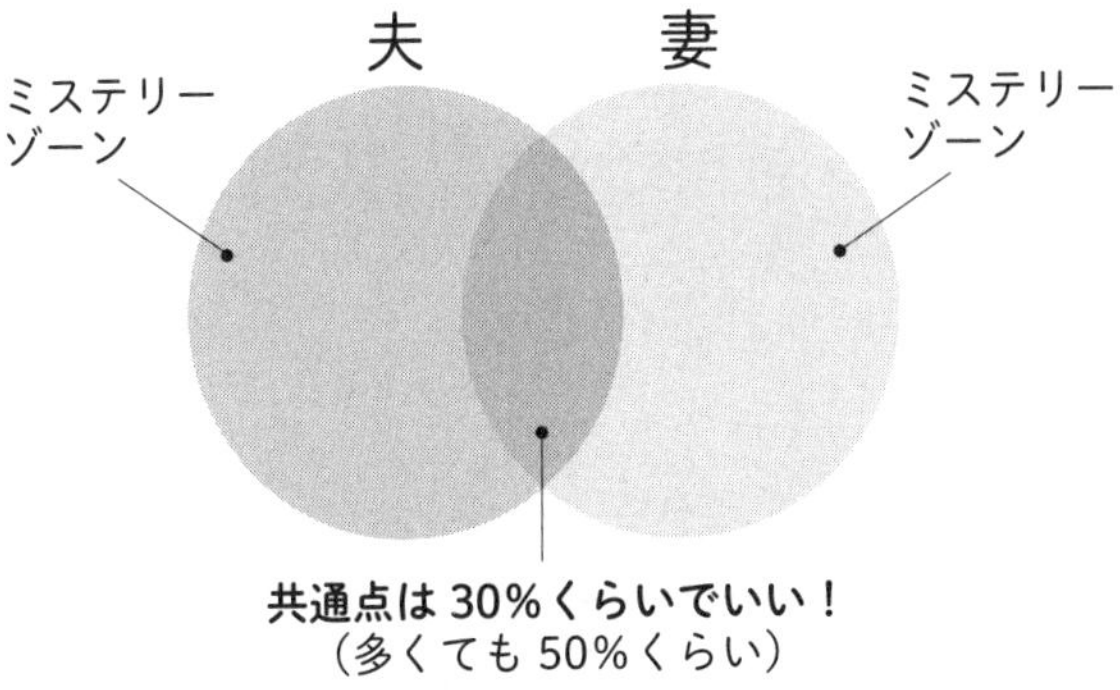

極意4

結婚はゴールインではありません

多くの場合「最高の恋愛」＝「最高の結婚」ではない

恋愛と結婚は別か？　と議論になったとき、「恋愛＝結婚」だと思い込んでいる方は少なくありません。恋愛の延長線上に結婚があると思いたい人、結婚しても相手に対してときめきを感じていたい人が、けっこういます。

ただ、それは勘違いかもしれません。まれに最高の恋愛が最高の結婚になることもありますが、実際は、そうではないケースのほうが多いのです。

恋愛の妙味は、ときめきや強い嫉妬を感じること、ハラハラドキドキが混在すること。たとえば好意を寄せている女性の陰に、ほかの男性の影がチラつくと、心が揺れてハラハラします。そういうのを含めて、恋愛はおもしろみが増します。

けれど結婚後、夫や妻に、さんざん浮気をされたら、間違いなくケンカになります。

私は、結婚相手にときめきは求めなくていいと思っています。

恋愛時代は「つまらない女だな」「つまらない男だな」と思っていた相手が、よき妻、よき夫になる可能性は大いにある。**結婚相手に期待すべきは、ときめきでなく「生活力」であり「協力できる能力」です。**これに尽きます。

●夫婦はプロセスを経てベストカップルになっていく

夫婦でいると、いろんなイベントがあります。

子どもの成長を見守る、親の介護をする、というのもそのひとつです。

そうしたイベントで協力する力を持ち合わせたパートナーなら、それだけですごいことです。身体を使ったコミュニケーションも、協力のひとつです。

人は恋愛に波乱を求め、結婚に安定を求める。ただし、恋愛に安定感が出はじめると、ずっと結婚しなかったりもするのですけどね。
リーダーシップ論に「on becoming a leader（＝リーダーになる）」という言葉があるように、夫婦におけるパートナーシップとは**「on becoming a couple（＝カップルになる）」**。そのためにはお互いの努力も必要だし、カップルとして成立したらそこで完成ではなく、結婚していろんなプロセスを経て、ベストカップルになっていくのです。

結婚することを「ゴールイン」と呼ぶことがありますが、結婚というのはプロセスなのです。恋愛のゴールかもしれませんが、**結婚というもののスタートライン**なのです。

結婚はご夫婦がお互いに協力し、愛情を育てるもの。
プロセスを重視すること。
これが私の提唱する、良好なパートナーシップを続ける極意の4です。

極意5

やはりなんといっても「協力」です

2人で愛のタスクに向き合ってコミュニケーションを

ここまでさまざまな実例をもとに、私の考える「良好なパートナーシップを続ける極意」を紹介してきました。

結婚に必要な要件は、決意と覚悟です。そしてお互いを思いやり、共感して、違う部分があることを認めて、違うタイプだからこそ補完し合い、向き合って、育みながらコミュニケーションをとっていくことが大切なのです。

アドラー心理学では、**「人間は、環境や過去のできごとの犠牲者ではなく、自ら運命を創造する力がある」（自己決定論）**と捉えています。

あなたの人生の主人公は、あなたなのです。酒井医師や尚美さんのように、お互いの「愛のタスク」に向き合って、自ら向上させうる可能性を持っています。

先述しましたが、酒井医師と尚美さんは、やはり復縁されると思います。なぜなら、彼らは自分を見つめ、間違いに気づき、変わろうとする意思を持ち、それを修正できるようコミュニケーション・トレーニングをして、実行に移したからです。どうやら離婚前よりもお互いを尊重し、意思疎通がスムーズになっているように見受けられます。

●環境が人を作り、人が環境を作る

最後に、酒井医師が尚美さんに宛てて書いたラブレターをちょっと覗いてみましょう。

＊＊＊

愛する尚美さん

僕たちが離婚してから8カ月になりますね。間もなく冬になります。栄一は君に会えるようになって少々安定するようになりましたが、喘息の発作がなくなったものの、少しばかりアトピーが気になります。

まずは、カウンセリングのセッションを一緒に受けてくれてありがとう。また、時々栄一に会ってくれて助かります。加えて、いつぞやは両親の大好きな柿を送ってくれたね。とても喜んでいたよ。

この10年ぶりくらいの手紙を書くのは、僕の率直な気持ちを伝えるためです。

僕のパートナーとして、栄一の母親として戻っていただけませんか？

この8カ月の間に気づいたことは、僕の今までの人生のなかで、これからの僕たちのために君が唯一無二の存在であることを確認したからです。

職場で出会って、仕事上は医療現場の先輩のようなあなたと親しい関係になり、やがて恋人になり、結婚した2人。それからいくつかのライフイベントを重ねるうちに、いつしか協力すること、共に育ち合うことを怠ってしまった。その責任はひとえに僕にあります。

いったんは離婚という選択をしましたが、お互い憎しみ合ってのことではありませんでした。

君を失って、さらにはカウンセリングで自分を取り戻す過程で、尚美が僕にとっていかにかけがえのないパートナーであるか、を再認識しました。

君にいっとき、子ども時代の男性イメージを復活させてしまったのも、お互いの信頼感の欠如がもたらしたからだと思う。

君は離婚の寸前とその後で「心のふるさと」に戻ったかのような心境だと、手記に書いていましたが、僕たちと共にもう一度歩んでいただけませんか？

どうか戻ってください。僕のパートナーとして、栄一の母として、そして未来の僕たちを待っている多くの人たちのために。

ただし、尊敬、信頼をもとに協力的な関係を築けたとしても、２人の進む道は平坦ではありません。思わぬ苦難も待ち受けていることでしょう。時として揺らぎそうな時もあるかもしれません。そんな時も忍耐力と寛容な精神を発揮して共に乗り越えませんか。
最初のプロポーズをしたときよりも数倍の「心から君を愛している」とのメッセージを込めて。

＊＊＊

酒井医師と尚美さんの変化から伝わること、それはアドラー心理学が発する次の言葉そのものです。

私たちは、過去の環境や習慣に支配されるのではなく、
自ら環境や習慣に働きかけ、それらを私たちが支配できる。

私たちは、ともすれば一時期の尚美さんのように「心のふるさと」に戻りたくなったり、戻ったりしてしまうことがあるかもしれません。

しかし、過去の環境や習慣が私たちに決定的な影響を与えるものではありません。アドラーがよく使った言葉を用いれば「環境が人を作り、人が環境を作る」の**「人が環境を作る」**の後半の部分に注目すべきなのです。

結婚前も、結婚後も迷うことなしに過ごす人は極めて稀です。酒井医師が書いているように、思わぬ苦難も待ち受けていることでしょう。時として揺らぎそうなときもあります。

そんなときも忍耐力と寛容な精神を発揮して、**相互尊敬・相互信頼を基盤とした協力的な関係を揺るがすことない活力**があなたの中に存在していることを信じましょう。

これを私の提唱する、良好なパートナーシップを続ける極意の5としながら、アドラーの高弟であり『どうすれば幸福になれるか』の著者であった精神科医、W・B・ウルフの言葉を最後に、この章を終えたいと思います。

上手に愛するためには上手に生きなければならない。
賢く生きるためには上手に愛さなければならない。

文庫あとがき

２０１７年９月に刊行された単行本『男と女のアドラー心理学』（青春出版社）が好評を博し、装いも新たに文庫化となりました。

この約４年の月日を経て、パートナー関係をとりまく環境は、急激に変化しています。そうした点を見直しつつ、アドラー心理学の理論と実践方法がより多くの方々に届くよう、文庫化にあたって改題し、内容を一部修正してリニューアルしました。

親本では、多くの方々から次のような反響をいただきました。

- **破綻寸前の夫婦でも、互いの覚悟と努力で修復ができることに勇気をもらえました。**
- **「愛」にはさまざまな捉え方とかたちがあると知り、寛容な気持ちになれました。**
- **「良好なパートナーシップを続ける極意」を夫婦で協力しながら実践することで、恋人同士のような関係になれました。**

- アドラーが、カップル間の協力がいかに大切かを説いていることがわかりました。
- 子どもから「パパとママみたいな夫婦になりたい」と言われました。この本を夫婦で読んで取り組んだ甲斐がありました。

これらの反響から、読者は「わかった」のみならず「できた」、さらには「身についた」にまで発展することが、何となく伝わりませんか？　そのとおりです。この本はパートナー関係にとっての「愛についての理論の書」だけでなく「愛についての実践の書」であることで、読者のご高評をいただいたのです。

ところで、愛とパートナーシップをめぐる環境は、この約4年のうちに大きな変化を迎えています。

① 脳科学が進化し、「男性脳／女性脳」といった男女の気質の断定が難しくなった
② ジェンダーの問題について急激に意識が高まっている

③ コロナ禍の自粛生活で、家族・カップル関係が著しく変化している

ここでは②と③に関連し、私自身がアドラー心理学によるカウンセリング、研修、さらには「ホンネトーク」で垣間見た変化を取り上げます。

2020年4月に政府から緊急事態宣言が発出された後、私は在宅勤務をしながら「イワイせんせとおしゃべりしよう」と題したオンラインイベントを約1か月にわたって開催しました。

ブログなどで参加を呼びかけたところ、個人または10人以内のグループ、のべ240人が集まり、それぞれにカウンセリングやホンネトークをおこないました。

そこで、面白い現象に直面します。240人の参加者のうち、男性は5人ほど。同じように機会を設けたはずなのに、個別でやり取りをした男性はゼロ。5人はグループの一員としての参加で、発言も極めて少ないことが気になりました。

ところが、女性はこの機会を最大限に生かそうとし、参加申込が相次いだため、追加開催を数回おこなうことに。ここで私が女性から受けた印象は、次の3つです。

- 変化に適応しようとする姿勢が貪欲である
- チャンスを生かそうとする意欲が強い
- 仲間と共に学び合う能力が高い

さて、ここでアルフレッド・アドラーが女性の資質を高いものとみなしていたことに触れておきます。アドラーは、女性の社会進出を推奨するばかりか、男女間の平等を早くから唱えていた人です。

その証として、デンマークの彫刻家ライタ・ボールドセンが100人の著名人の記念碑を建てたとき、99人の女性に並んで、たった1人の男性としてアドラーを入れたことが知られています。

また、女性の能力がもともと高かったことは、2500年も前、仏教教団で起きた「女性の出家」のエピソードでも理解できます。教団初の「尼僧《にそう》」は、ブッダの叔母であり義理の母としてブッダを育てた「マハーパジャパティ」とそのグループの女性たちでした。彼女たちの申し入れに、ブッダは再三の拒絶の末、やっと出家を許しました。その代わり、男僧への250の戒律に対して、尼僧には350もの戒律を課したのです。理由は「女性の教団入りが男僧に影響を与える懸念」だとよくいわれますが、私はそれだけでないと認識しています。それは私自身の240人とのやり取りとも符合するものがあります。

ブッダが建前上、多い戒律（いわゆる「ハードル」）を尼僧に課したのは、女性の能力を高く評価していたためであり、彼女たちが男僧よりも早く悟りに達して教団を乗っ取ってしまうのを恐れたからに違いない、と推測します。

女性の変化適応力、チャンスを生かす意欲、仲間と共に学び合う能力の高さは、今の時代になって培われたものとは思えません。

いよいよ最後に、コロナ禍のカップル事情に話を移しましょう。

2020年以降、こんなカップルや家族が見られます。

●結婚したものの、周りから祝福されるべき披露宴をおこなえない新婚カップル

- 1年以上、別の国で過ごさなければならない国際結婚の夫婦
- 自粛生活の結果、お互いのアラが目立ち、別れに至った「コロナ離婚」のケース
- 逆に、家族が共に過ごす機会が多くなったことで互いの魅力を再発見したケース
- 一度は別れたカップル（子どももあり）が、自粛生活のなか、オンラインを通じてやり取りし、家族の絆を再確認したことで「コロナ再婚」したケース

新型コロナウイルスの影響は、ネガティブな側面が強調されることが多いようです。しかし、物事はマイナス面もあればプラス面もあります。

なかなか会えない一方、オンラインで対話する機会が増えました。ＬＩＮＥやメールでは伝えきれないところをＺｏｏｍなどで確認できた例もあるようです。会えない間に、相手との関係をかけがえのないものとして振り返ったカップルもいます。

こうした状況下だからこそ、「本当に大切なものは何か」「私たちが守らなければならないことは何か」に気づく。難しいけれども最高の幸福につながる「愛の課題」に向き合う際の指針を得る。――そんな手がかりとして、このリニューアルされた文

庫本を活用していただければ幸いです。

文庫化に際し親本同様、青春出版社の石井智秋さんにお世話になりました。石井さんは社内折衝や親本の手直しにご尽力くださいました。心からの感謝を表明します。

親本へのご感想をお寄せくださった方々にもお礼申し上げます。著者としてこの本をもっともっと多くの人たちにお伝えしたいというモチベーションが高まりました。

また、「イワイせんせとおしゃべりしよう」におつきあいいただいた方々にも感謝申し上げます。この人たちからホンネの話を伺えなかったら、さらには、カウンセリングでリアルな実情をお聴きできなかったら、この本のリニューアルは実現できなかったという点で、とてもありがたく思っております。

2021年5月

岩井俊憲

青春文庫

アドラーが教《おし》えてくれた「ふたり」の心《しん》理《り》学《がく》

2021年 6 月20日　第 1 刷

著　者　岩《いわ》井《い》俊《とし》憲《のり》

発行者　小澤源太郎

責任編集　株式会社プライム涌光

発行所　株式会社青春出版社

〒162-0056　東京都新宿区若松町 12-1
電話 03-3203-2850（編集部）
03-3207-1916（営業部）
振替番号　00190-7-98602

印刷／大日本印刷
製本／ナショナル製本

ISBN 978-4-413-09780-2